京都の謎〈伝説編〉

高野 澄

祥伝社黄金文庫

（この作品『京都の謎〈伝説編〉』は、平成三年四月、祥伝社黄金文庫から刊行されたものの新装版です）

まえがき

「そんなことは伝説にすぎないよ！」

わたしたちは、こんなことを言ったり聞いたりする。伝説を真実と混同するのはいいことではないが、といって、伝説に一文の値打ちもないときめつけるのは危険だ。

歴史は、伝説という手を使ってわたしたちにサインを送っている——どうだね、この謎を解いてみる気はないかね、と。

たとえば、平安末期の真言宗の僧・文覚《もんがく》上人は伊豆《いず》の韮山《にらやま》から京都のあいだを六日で往復した、ということになっている。

「伝説さ。超人的な能力を誇張したいがための伝説にすぎないよ」

これでは、まずい、もったいない。せっかくのサインを見逃す手はないでしょう。

六日という数字は真実ではなく、とうてい信じられないが、わたしたちが「ウソだ、あり得ない」というのを百も承知のうえで伝説は、「六日で往復した」と言っている。

わたしたちへの挑戦なのだ。

なぜ、そんなことを言っているのだろう――伝説の作者の心理を考えれば謎解きの糸口がひらけるかもしれない――ということに気がつくと俄然《がぜん》おもしろくなってくる。

また文覚《もんがく》は、荒れ果てていた神護寺《じんごじ》を再建した。これは伝説というよりは真実なのだが、大変な苦労をしてまで再建する必要は何であったのか、ということは歴史の陰に隠れている。そこでわたしはプラスチックのスケール（物差）を取り出して、京都の地図の上に置いてみた。数十秒ののちにわたしは、「アッ、そうか！」と叫んでいたのである。

なぜ、「アッ、そうか」なのかは本文で読んでいただくとして（12参照）、スケールを手に取るまではかなり時間がかかったことを告白しなければならない。

伝説を楽しむには時間がかかる、ということだ。逆に言うと、楽しむのに時間がかかる伝説ほど上等だということになる。そして、伝説を楽しむ最高の方法は、「自分なら、この事実からどういう伝説をつくるかな」と想像するやり方だろう。時間空間を通り越して、その場に自分の身を置いてみることだ。

この本は京都の伝説を題材にしているが、伝説は京都だけでなく、読者の身辺にもあるはずだ。そういう伝説の謎解きのヒントになってくれればいいな、という気分でこの本を書いていきます。

一九九一年・春

京都の謎【伝説編】目次

4 「醍醐寺」の寺名に秘められた伝説……95

——なぜ〝醍醐味〟と結びつくのか

5　なぜ〝八咫烏《やたがらす》〟伝説が生まれたのか……119

――鴨長明《かものちょうめい》を出した古代氏族・鴨氏《かも》、登場の謎

11 なぜ上皇《じょうこう》の寵姫《ちょうき》・松虫《まつむし》、鈴虫《すずむし》は出家したか……281

――後鳥羽《ごとば》上皇を激怒させた男の正体

装丁　フロッグキングスタジオ
地図作製　Lotus　林雅信
図版作成　J－ART

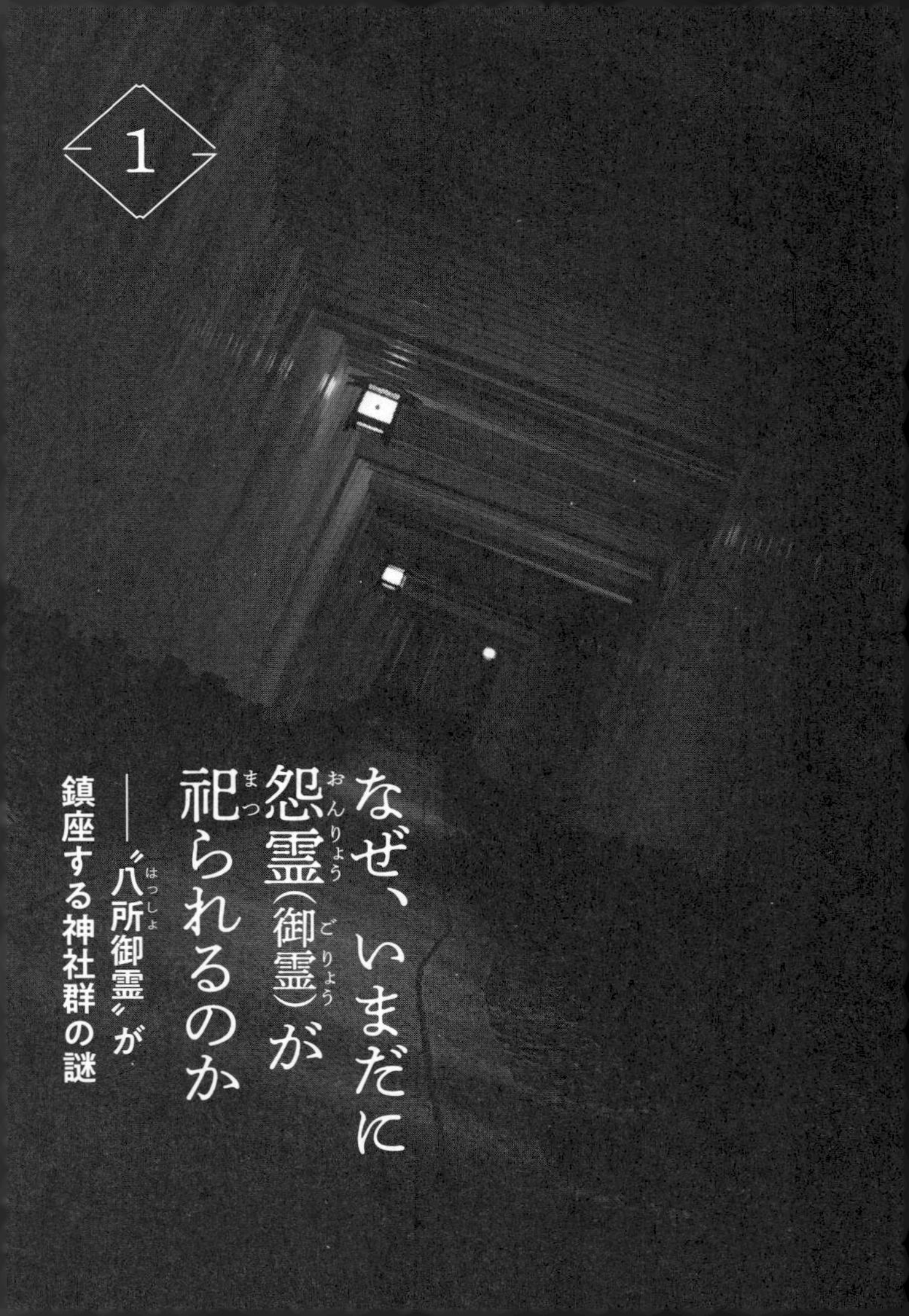

1

なぜ、いまだに怨霊《おんりょう》（御霊《ごりょう》）が祀《まつ》られるのか

——〝八所御霊《はっしょごりょう》〟が鎮座する神社群の謎

【この章に登場する主な史蹟】

●天皇の位《くらい》につかなかった〝崇道《すどう》天皇〟

京都には〝御霊《ごりょう》神社〟がたくさんある。

上《かみ》御霊《ごりょう》神社と下《しも》御霊《ごりょう》神社はすぐわかるけれど、北野《きたの》神社（北野天満宮《てんまんぐう》）も御霊神社だといったら、首をかしげる人もいるだろう。

よその土地からやってきて、「ゴリョウさん」と正確に発音できるようになれば、「あんたも京都人になったね」と認めてもらえるだろう。大阪で「ゴリョウさん」といえば「ご寮人《りょうにん》さん」、つまり商家の主婦だが、京都の「ゴリョウさん」は御霊神社のことだ。

御霊神社とはなにか？

御霊とはいったい、なんのことか？

そもそも御霊とは、と理屈からはじめるとややこしいから、たくさんある京都の御霊神社のうち、いちばん古い神社のなりたちからみていけば、わかりやすい。

いちばん古い御霊神社は、崇道《すどう》神社という。

叡山《えいざん》電鉄叡山本線の出町柳《でまちやなぎ》駅から八瀬《やせ》比叡山口《ひえいざんぐち》行き、または鞍馬《くらま》行きに乗って三宅八幡《みやけはちまん》で降りる。一九八九年、京阪《けいはん》電車が、それまでの終点の三条から出町柳まで地下鉄で延長になった。大阪や京都の繁華街から足の便がよくなり、観光客が増えた。三宅八幡のつぎが終点の八瀬遊園で、比叡山にのぼるケーブルカーが発着する。崇道神社をみてから比叡山にのぼるのも、なかなかよろしいルートである。

　三宅八幡駅から自動車道に出て、すこし北に歩くと、左手に蓮華寺《れんげじ》がある。蓮華寺を通りすぎてすぐ左手にあるのが、崇道神社だ。文献では崇道神社と書かれるが、崇道神社の鳥居の神額は「崇導」となっている。

　神社には祭神というものがある。明治神宮は明治天皇を祀《まつ》っているし、平安神宮は桓武《かんむ》天皇を祀っている。

　崇道神社は崇道天皇を祀っている。

　そこで、年表を取り出して崇道天皇をさがすわけだが、「あれっ、出ていないぞ」ということになる。

　しかし、心配は無用、崇道天皇という天皇は、天皇の位《くらい》についたことのない皇太子なのだ。だから年表には載《の》っていない。日本史辞典、といったものには載っ

早良《さわら》親王（崇道《すどう》天皇）を祀《まつ》る〝崇道神社〟

ているだろう。

天皇の位についたことがないのに崇道天皇といわれる――なんか、こう、アヤシクなってきた。

それで、いい。御霊とはアヤシイものなのである。アヤシクなければ御霊ではない。

●桓武《かんむ》天皇の弟・早良《さわら》親王の不運

さて、アヤシイ話は延暦《えんりやく》四年（七八五）にさかのぼる。まだ京都（平安京）はできていないのを思い出していただけると、話がしやすい。

都《みやこ》は長岡《ながおか》にあった。

京都市の西南、いまの長岡京《ながおかきよう》市だ。

都は長岡京だったと言ったが、じつを言うと都の設備は完成していない。この年の七月に造営計画がたてられたばかりで、そろそろ工事がはじまるという九月二十三日、大事件が起こった。造営長官の藤原種継《ふじわらのたねつぐ》が現場を視察しているところを何者かに射《い》られ、翌日に死亡したのだ。

新しい都の造営長官といえば、いまの政府の大臣にも当たる重職だ。その長官が射殺される大事件である。長岡京は無事に造営されるだろうか？

天皇は桓武（七三七―八〇六）である。

事件が起こった日には旧京の奈良に行っていた。娘の朝原内親王《あさはらないしんのう》が伊勢《いせ》神宮の斎王《さいおう》（伊勢神宮に奉仕する未婚の皇女）になって赴任《ふにん》するのを見送って奈良に行き、しばらく逗留《とうりゅう》していたのである。

長岡京で留守番をしていたのは、桓武の弟で皇太子の早良《さわら》親王だ。この兄弟の父は光仁《こうにん》天皇、母は高野新笠《たかののにいがさ》で、桓武と早良は十二年も歳がはなれている。

急いで奈良から帰ってきた桓武は、暗殺事件の捜査にとりかかる。直接の犯人は事件の翌日に逮捕、処刑されているが、天皇は政治的背景をさぐって反対勢力を根こそぎ退治しようとした。

大伴継人《おおとものつぐひと》など、大伴氏の一族から多数の逮捕者が出た。歌人として有名な大伴家持《やかもち》は一月《ひと》ほど前に死亡していたが、連座の罪を問われて官位を奪われた。

家持は春宮坊《とうぐうぼう》（皇太子の役所）の長官をしていた。家持が死後に罰をうけたのは、この春宮坊長官の役職と関係があるのだろうか――噂が飛び交《か》ううちに、皇太子早良親王が逮捕され、乙訓寺《おとくにでら》に幽閉されてしまう。

このたびの事件は、皇太子早良親王を中心とする政府転覆未遂事件である――桓武天皇はこのように判断して処理したわけだ。

早良親王は皇太子の椅子から下ろされ、代わって安殿《あて》親王が皇太子になった。安殿親王は桓武天皇の子である。

無実を叫ぶ早良親王は抗議のハンガー・ストライキに入り、淡路島《あわじ》に流される途中で亡くなってしまう。遺骸はそのまま淡路に送られ、いまの津名《つな》郡北淡《ほくだん》町の仁井《にい》に葬《ほうむ》られたようだ。

これですむならふつうの政変だが、そう簡単にはすまなかった。

●なぜ早良親王が〝崇道天皇〟になったのか

新しい皇太子の安殿親王はもともとが病弱で、一向に元気にならない。元気にならないどころか、皇太子になってからは、ますます弱くなってきた。伊勢神宮まで行って病気平癒《へいゆ》の祈願をしたが、まったく回復の徴候がない。

ただの病気ではないのではないか、ということになって、桓武天皇は祈禱師《きとうし》を呼んで占《うら》なわせた。

「これは、ただのご病気ではありませぬ」
「というと……？」
「祟《たた》りでございます」
「タタリ……？」
「さきごろお亡くなりになった、早良親王さまの怨霊《おんりょう》の祟り。まちがいございません」

延暦十一年（七九二）のことだ。原因不明の病気ほど苦しいものはないだろう。病気そのものよりも、原因が不明だということで余計に苦しむ。安殿皇太子は七年ものあいだ、病気の原因がわからないまま苦しんでいたわけだ。

この七年のあいだ、苦しんでいたのは皇太子だけではない。父の天皇のほうが、はるかに重い苦しみに責められていた。身辺に凶事が続発するのである。

早良親王を絶食死に追い込んだ翌年、まず夫人の一人、旅子《たびこ》の母が亡くなった。旅子の母その人はともかく、彼女の父の藤原百川《ももかわ》は桓武の政治を支えつづけてきた実力者だから、痛手である。娘の旅子も母のあとを追うように死んでしまう。

桓武の生母の高野新笠も亡くなり、皇后の藤原乙牟漏《おとむろ》も死んでしまう。そして皇太子の重病が、まるで、「どうだ、これで参《まい》ったか！」とでも言うように襲いかかってきた。

政治がうまくいっていれば気にもならなかったろうが、桓武の政治は厚い壁にぶち当たっていた。そこへ身辺の不幸が重なると、いわゆる疑心暗鬼《ぎしんあんき》になってしまう。

「皇太子は、ただの病気ではあるまい。おそらく、異常な、何かが……？」

祈禱師が「早良親王さまの怨霊の祟り」と診断を下すまえから、すでに天皇自身の心のなかで「タタリ」という言葉が渦《うず》を巻いていたのだろう。祈禱師は、それを確認したにすぎないのである。

祈禱師の診断が下ると、すぐに天皇は淡路に使者をつかわし、早良親王の墓を参拝させた。粗末だった墓地のまわりに堀をめぐらせて体裁《ていさい》をととのえ、墓守《はかもり》を置くことを命じた。

早良親王の霊に対する桓武天皇の姿勢は、その後もますます丁重《ていちょう》をきわめる。僧侶を派遣して墓前で読経《どきょう》させる。春宮坊の役人を派遣して幣帛《へいはく》（神に捧げる品物）をそなえさせる、「崇道天皇」の尊号を追贈する、寺を建立《こんりゅう》するといったことがつづく。この寺は、いま北淡町にある常隆寺《じょうりゅうじ》だろうといわれる。

早良親王が幽閉された〝乙訓寺《おとくにでら》〟の供養塔

一度ですまさなかったところに、桓武天皇の信仰心の篤《あつ》さよりも、祟りに対する恐怖の強さが示されているわけだ。

●井上内親王《いのえのないしんのう》の悲劇にもかかわった桓武天皇

このあいだに天皇は大きな決断を下した。長岡京の完成をあきらめ、山城国《やましろ》への遷都《せんと》、つまり平安遷都を強行することにしたのである。平安遷都の発表は延暦十二年（七九三）だから、早良親王の事件から八年後のことだ。

早良親王に「崇道天皇」の尊号を追贈したのは平安遷都のあとの延暦十九年だが、それと同時に井上《いのえ》内親王にも「皇后」の称号を追贈したのが注目される。

井上内親王とは、早良親王と桓武天皇の父の光仁天皇の皇后だった女性にほかならない。そして井上内親王に対する桓武天皇の、いかにも畏敬《いけい》の念にあふれる姿勢を説明するには、古代史最大の内乱、壬申《じんしん》の乱（六七二）に触れなくてはならない。

壬申の乱は、天智《てんじ》天皇の子の大友《おおとも》皇子と、天智の弟の大海人《おおあま》皇子との皇位継承戦争だ。大海人皇子が勝って天武《てんむ》天皇となり、その後はずっと天武系統の人が天皇の位についてきた。天智系の皇族が皇位から遠ざけられる時期がつづくのである。

ところが、称徳《しょうとく》女帝が跡継ぎのないままに亡くなってから事情が変わってしまう。天智系で、もう六十二歳になっていた白壁王《しらかべおう》に天皇の椅子がまわってきて光仁天皇が誕生した。

光仁天皇の基盤は弱いから、天武系の皇族と妥協しなくてはならない。称徳女帝の妹の井上内親王を皇后にしたのも天武系への配慮にほかならなかった。光仁天皇と井上内親王とのあいだには他戸《おさべ》親王が生まれていて、皇太子になった。

ここで井上内親王の立場や心境を考えてみる。

彼女は、あの偉大な聖武《しょうむ》天皇（七〇一―七五六）の娘である。姉は二回も天皇になった（孝謙《こうけん》、称徳）のに、自分は母が皇族でなかったから天皇にはなれなかった。

ひょんなことから夫の白壁王が天皇になったので皇后になったが、満足できるものではない。なにしろこの光仁天皇ときたら、いちどは皇族の籍からはなれて臣下《しんか》に下ったことがある。それくらい勢力のない人なのだ。

弱く、情けない、しかも天智系の光仁天皇の皇后でいるよりは、由緒ただしい天武系の天皇の母になったほうがいい――井上内親王はこう考えたにちがいなく、そこへ藤原百川が付け入る。

「一日も早く皇太子を天子の位につけなければ……」と焦《あせ》る井上内親王に、「そのお気持ち、よくわかります」と同情しながら百川は、「皇后は天皇を呪《のろ》い殺そうと計画しております。その証拠に、『皇太子を一日も早く天子の位につけたい』と言っておりました」と光仁天皇に密告したのである。

人が人を呪い殺せると信じられていた時代である。密告されると、逃れられない。井上内親王と他戸皇太子は「謀叛《むほん》」の罪を着せられ、大和《やまと》に幽閉された。宝《ほう》亀《き》三年（七七二）のことであった。

新しい皇太子には山部《やまべ》親王がついた。のちの桓武天皇である。その三年後、大和で幽閉されていた井上内親王と他戸親王が死んだ。二人の最期《さいご》の様子については詳しいことがわからないが、同じ日に死んだという。黒い手にかかっての死とみるほかはない。

井上内親王という人は、こういう悲惨な最期を遂げたのである。そして桓武天皇は、早良親王に「崇道天皇」の尊号を追贈したのと同時に、この井上内親王に

桓武天皇と崇道天皇の複雑な関係

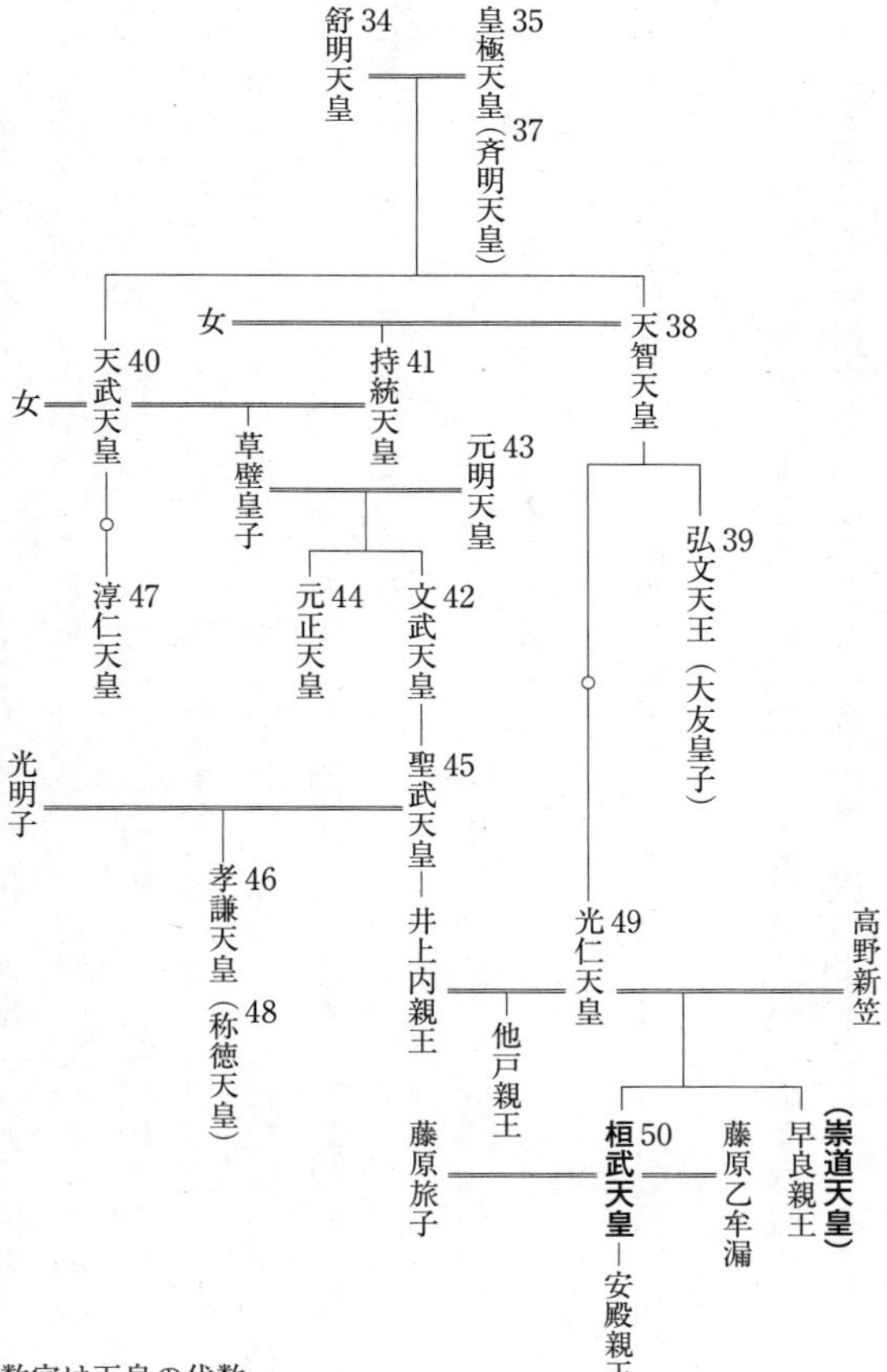

※数字は天皇の代数

「皇后」の尊号を追贈した。

これは何を意味するか、などと問うまでもない。桓武天皇は、井上内親王と他戸親王の悲惨な最期に責任があることを、はっきりと自覚しているのである。二人を追放して皇太子になった人、それは若き日の自分自身にほかならない。そのことを告白してまでも、二人の怨霊の攻撃から逃れたいと思ったのである。

はじめのうちは忘れたいと思い、じっさい忘れていたかもしれないが、早良親王の怨霊に苦しめられるうち、井上内親王と他戸親王の怨霊にも苦しめられている自分を意識せざるをえなくなったのだ。

●平安京遷都の謀略に巻き込まれた早良親王

若き日の桓武天皇が井上内親王と他戸親王を追放したのは、皇位を奪いたかったからで、わかりやすい理由だ。

しかし、早良親王に無実の罪を着せて追放した事件は、皇位の争奪戦ではなかった。革新と保守との対立である。ことの次第は、次のようなものである。

天皇になった桓武が最初に意欲をかたむけたのは、東北地方の平定である。そのつぎに遷都という大事業に取り組んだ。服従しない辺境の平定と遷都、これこそは、あの偉大な曾祖父・天智の孫の自分にふさわしい事業であると桓武は決意したのだ。

奈良の都は腐敗している。長いあいだ都が置かれ、仏教は堕落し、僧侶は欲望の充足にだけ熱を入れている。そんな奈良の都にしがみつく必要を、桓武はまったく認めない。

山城へ遷都する――これが発表されると俄然、反対運動が起こった。遷都の発表直後、設備がほとんどできていないうちに桓武は長岡京に都を遷《うつ》した。つまり桓武は、反対勢力が団結していっそう強力にならないうちに遷都しなければならないと考えたのである。それくらい反対勢力は強かった。

なかでも強力な反対運動を展開したのが、東大寺《とうだいじ》だった。そして、早良親王と東大寺とは深い関係に結ばれていたのである。

まず早良親王は、十二歳のときに東大寺に入って僧侶になった。父の白壁王が、息子が皇位争いに巻きこまれる危険から避けさせようと配慮しての寺入りだったろうか。

白壁王が即位して光仁天皇となったので、はじめて親王になった。それまでは

「親王禅師《ぜんじ》」とか「朝庭宮禅師《あさにわのみやぜんじ》」などと僧名で呼ばれていたが、正式には親王ではなかったのだ。

正式に親王となったあとでも、どういうわけか、還俗《げんぞく》せずに僧のままでいた。東大寺が親王の存在を、それだけ高く買っていたことが推測できる。

兄が即位して桓武天皇となったので早良親王は皇太子になったわけだが、皇太子の役所、つまり春宮坊の役人には、造東大寺司《ぞうとうだいじし》の役人が多数、移籍した事実があった。造東大寺司とは、東大寺の管理運営をつかさどる役所だ。

都とともに春宮坊も長岡にうつってきたが、その春宮坊には造東大寺司の元役人がうようよしている。これがどういうことになるかといえば、「山城遷都反対、奈良にもどろう！」という大合唱が春宮坊に湧き起こっている、ということなのだ。

桓武としては、これは無視できない。

弾圧の手を模索しているうちに、反対勢力が先手をうって藤原種継の暗殺を強行した、というのが真相だったろう。

●なぜ、〈怨霊〉が〈御霊〉になったのか

桓武が長岡京の完成をあきらめて平安に再遷都したのは、早良親王や井上内親王の怨霊のことだけが原因ではあるまい。怨霊の恐怖におびえたのは天皇個人であって、それだけでは政府全体を納得させせられない。

しかし、都とともに怨霊も京都にうつってきた。これは事実である。

怨《うら》みをいだいて死んだ人の霊、とくに政治の争いに敗れた人の霊は「怨霊」となり、怨みの相手に祟る、これが「怨霊の祟りのシステム」である。

長岡から京都にうつってきた怨霊は、新しい土地が気に入ったらしく、活気をよみがえらせた。それはそうだろう、桓武が「怨霊たちよ、どうか鎮《しず》まっておくれ」と熱い祈りをささげるものだから、元気にならないはずがない。祟られる人が恐怖の思いを表明し、鎮魂の祈りをささげたり儀式をすると、それがそっくり怨霊の栄養になるのだ。

京都では、次々と政争の敗北者が誕生する。敗北しただけの人の霊は怨霊にはならないが、敗れ、怨みをいだいて死んでいった人の霊は怨霊となって、まず相

手かまわずに祟るのである。

それは筋ちがいではないか、怨む相手にだけ祟るのが怨霊の正しい祟り方のはず——そういう疑問が起こるが、じつを言うと、「怨霊の祟りのシステム」は、京都で新しい祟りの対象を発見したのである。それを一口で言うと、「京都の市民社会」だ。

京都の前の都の長岡は、都市として成長しないうちに放棄された。都市として成長しなかったから、長岡にはいわゆる市民が育たなかった。長岡京は正式の都なのだが、実際には「平城京の長岡出張所」といった状態のままで終わったのである。

京都は都市としての成長を遂げた。

湿地帯の西南地区は早くから衰えてしまったが、それはつまり、住みにくいところには住まないという市民階層が成長した証拠にほかならない。

いくら朝廷が、「ここは西の京なんだから人が住むべきところなのである」と言っても、「おれたちは役人じゃないんだから、住まない」という健全な市民感情も育ってきていた。

怨霊たちは、その市民に祟りの攻撃をかけた。洪水・旱魃《かんばつ》・伝染病・落雷・火

早良親王の怨霊に悩まされた〝桓武《かんむ》天皇陵〟

災、そのほか、いろいろ。

こういった被害は都市ならでは、の被害である。人跡《じんせき》まれな農村で伝染性の病気が起こっても、すぐには伝染しない。人間の生活が、病気が伝染するほどには密着していないからだ。

——怨霊が洪水を起こす、なんて、信じられないけれど？

もっともな疑問だが、物事にはかならず原因がある。この時代の人たちは人間世界と自然世界とを区別して考えず、一体のものだと考えていた。だから、天災の原因は人間世界の異常な出来事だと信じていた。海水の気温が異常に上昇して——なんていうふうに科学的に分析して澄ました顔はしなかった。

京都が天災に襲われる。はじめは原因がわからないから、ただ恐れおののくだけだ。

そのうちに、誰言うとなく、「これはふつうの天災ではない、きっと誰かの怨霊の祟りだ。そうでなければ、こんなにひどいはずはない」と言い出す。

では、その怨霊は誰の怨霊なのかと、怨霊の持ち主探しがはじまる。朝廷があり、政治の中心になっている京都のこと、「ああ、それならば、きっと……」と見当のつく敗北政治家はいくらでもいるのだ。

「八所《はっしょ》御霊《ごりょう》」を合わせて祀る御霊《ごりょう》神社

この洪水は伊予《いよ》親王の怨霊の祟りだ、まちがいない、となったら市民は力を合わせて伊予親王の怨霊をなぐさめる儀式を行なう。それが「御霊会《ごりようえ》」だ。

怨霊が「御霊」という表記に変化したことに注目していただきたい。「怨霊――オンリョウ――御霊」と、おなじ発音であるのを利用した表記変化だろうが、そこには、怨霊として忌《い》み嫌うのではなく、尊敬接頭語の「御」を付けることで守護神に祭りあげてしまうという、じつにズルクて、かつ、逞《たくま》しい市民精神があらわれている。

●〝八所御霊《はつしよごりよう》〟を祀《まつ》る上御霊《かみごりよう》・下御霊《しもごりよう》神社

ところで、この伊予親王は早良親王につぐ御霊第二号である。桓武天皇の第三皇子で、兄が平城《へいぜい》天皇として即位したのと同時に皇太子になった。しかし、藤原仲成《なかなり》の謀略によって謀叛《むほん》の疑いをかけられ、母の藤原吉子《よしこ》とともに伏見《ふしみ》の川原寺《かわらでら》に幽閉され、母子ともに毒を服《の》んで自殺した。怨霊になる充分な理由を持っている人である。

早良親王が御霊の第一号、伊予親王が第二号、伊予親王の母の藤原吉子が第三号で、以下、合わせて「八所御霊《はっしょごりょう》」と呼ばれる御霊がある。大きな政変の敗北者たちの御霊だ。

嵯峨《さが》天皇が亡くなったときに謀叛を起こしたとされ、伊豆《いず》に流罪《るざい》中に死んだ橘逸勢《たちばなのはやなり》。

おなじく謀叛の罪で伊豆に流罪された文室宮田麻呂《ふんやのみやたまろ》。

九州に左遷されて謀叛した藤原広嗣《ひろつぐ》と吉備真備《きびのまきび》。

大宰府《だざいふ》に左遷され、怨みのうちに死んでいった天神さまの菅原道真《すがわらのみちざね》。

これが八所御霊だ。

上御霊前通烏丸《からすま》東入ルの上御霊神社と、寺町通丸太町《まるたまち》下ルの下御霊神社は、どちらも八所御霊を合わせて祀る御霊神社である。北野天満宮も御霊神社なのだというと、意外におもわれる方も多いだろう。

左大臣藤原時平《ときひら》に敗北、右大臣の高官から九州の大宰権帥《だざいのごんのそち》に左遷され、官位復活も帰京もゆるされぬまま亡くなった菅原道真は死霊となって天空を飛行して帰京し、怨霊となり、自分を無念の敗北に追い込んだ政敵をひとりひとり敗北させた。

そして復讐に満足すると道真は藤原氏が創設した北野の神社――略称が天満宮

――に天満大自在天神として納まったのだ。

死後に復帰して神となった怨霊は道真のほかに例がない。

政治の世界では怨霊と非・怨霊との対立という争いがしばらく続くが、道真のあとは「八所怨霊」という表現は使われなくなる。

日本三大祭りのひとつ、祇園《ぎおん》祭りも御霊会として始まった祭りだ。朝廷の力をかりずに、市民が独自にはじめたのが祇園祭りで、そこに京都市民の誇りがある。「朝廷が天災の原因の御霊を祀らないなら、よろしい、俺たちだけでやる」という心意気からはじまった祭りである。

それだけではない。

大徳寺《だいとくじ》ちかくの今宮《いまみや》神社は、誰の御霊ということは特定しない疫病祓《やくびょうはら》いの神社であるし、堀川今出川《ほりかわいまでがわ》の白峯《しらみね》神宮は、保元《ほうげん》の乱で後白河《ごしらかわ》法皇に敗れ、讃岐《さぬき》に流されて亡くなった崇徳《すとく》天皇（一一一九―一一六四）の御霊をなぐさめるために、幕末、孝明《こうめい》天皇が発案し、明治天皇によって創建された。

御霊神社のことを考えていると、ものごとを恐れて生きるのが人間の本来の姿なんだと、つくづくとわかってくる。

疫病祓《やくびょうはら》いの〝今宮《いまみや》神社〟

崇徳《すとく》天皇の御霊をなぐさめる〝白峯《しらみね》神宮〟

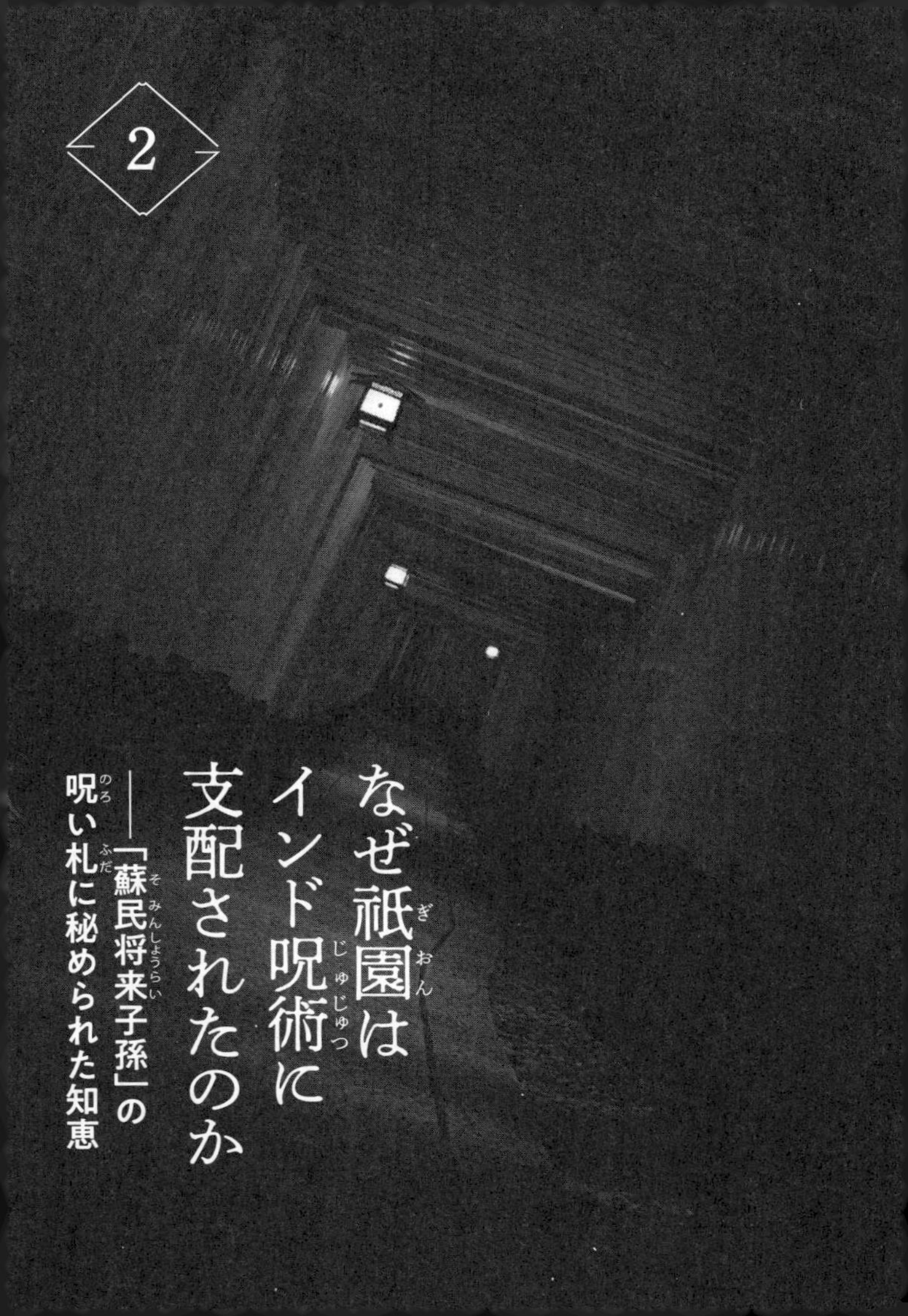

2

なぜ祇園《ぎおん》はインド呪術《じゅじゅつ》に支配されたのか

——「蘇《そ》民《みん》将来《しょうらい》子孫」の呪《のろ》い札《ふだ》に秘められた知恵

【この章に登場する主な史蹟】

●「祇園《ぎおん》」「八坂《やさか》」の名の由来

インドのさる富豪がシャカのために建ててあげた瞑想のための精舎《しょうじゃ》、それが祇園《ぎおん》だ。

祇園――瞑想――静寂となるわけだが、日本の京都の祇園は喧噪《けんそう》と脂粉《しふん》の香り、アルコールとカラオケ、そして外国からの観光客の雑踏の音だ。

もっともそれは夜のことで、昼間の祇園、とくに祇園のなかの祇園たる八坂《やさか》神社（祇園社）の境内《けいだい》は、シャカの故事にふさわしい静寂を保っている。祇園を広く考えるのがよくないのだろう。

四条《しじょう》通をまっすぐ東に進むと、八坂神社の石段にぶつかる。石段の上には朱塗りの巨大な楼門《ろうもん》が建っていて強い印象を与えるので、八坂神社の正門はこれだと思い込んでいる人が多い。

それが悪いというのではないが、正門は南の門なのである。社殿も南に向いて建てられている。

しかし、今回は石段の門から入っていただかねばならない。門をくぐってすぐ正面に二つの摂社《せつしゃ》（末社）の建物があって、ひとつは「太田《おおた》神社」、祭神は猿田《さるた》彦《ひこのかみ》神と天鈿女命《あまのうずめのみこと》、もうひとつが「疫《えき》神社」だ。夏の祇園祭りや大晦日《おおみそか》の「おけら参り」のときなどは、このあたりにたくさんの夜店が出るので近づくこともできない。やはり八坂神社の参詣《さんけい》は、平時の静寂がいちばんふさわしいようだ。

この疫神社を中心にして八坂神社は発展してきたのだが、そもそも疫神社はどんな歴史を持っているのだろうか？

このあたりを「八坂」というのは坂の多いところに由来している。たとえば、石段の楼門から入って正門に抜けると、正門の位置は平地とおなじ高さであることがわかる。石段の楼門から正門のあいだはわずかの距離なのに、もうこれだけ高さが違う。それだけ高低の差が激しいわけだ。

この八坂に住みついたのは朝鮮半島から渡来した高句麗《こうくり》人で、土地にゆかりの「八坂氏」を名乗ったらしい。それほど大きな勢力にはならなかったが、大和朝廷に服属したしるしの「八坂造《やさかのみやつこ》」という官名が残っているから、それなりの勢力圏は維持していたと思われる。

八坂氏の定着がいつのことだったか、詳しいことはわからない。しかし、斉明《さいめい》天皇の二年（六五六）という年が八坂氏にとって記念すべき年であったから、そ

祇園《ぎおん》から見た〝八坂《やさか》神社〟朱塗りの楼門

のころ定着が完了しつつあったと言っていい。

●なぜ、八坂の地に祇園精舎《しょうじゃ》が建てられたのか

では、斉明天皇の二年に、何が起こったのか。

このころ朝鮮半島では新羅《しらぎ》・高句麗・百済《くだら》の三国が対立していたが、そのなかでも唐《とう》の援助をうける新羅が、ほかの二国を凌《しの》ぐ形勢になっていた。

その三国のうちの、たぶん高句麗から伊利之《いりし》という人が使節として日本に来て、新羅の牛頭山《ごずさん》から素戔嗚尊《すさのおのみこと》を勧請《かんじょう》（分霊を祀る）してこの八坂に祀《まつ》ったという伝説がある。

伊利之は朝廷に派遣された使節だから、まず大和で役目を果たしたあと京都にやってきたのだろう。わざわざ京都にやってきたのはほかでもない、同郷人の八坂氏を訪ねるためだ。

伊利之が京都にやってきたのはこれが二回目だとする説もあり、八坂氏はもと高句麗人の意利佐《いりさ》という人の末裔《まつえい》だとも言われている。伊利之は意利佐と同じ人だろうから、朝鮮半島からやってきて八坂に定着したのは高句麗の人だった

ろう。

八坂氏は自分たちの神を祀るまでに生活の根を下ろした。それが素戔嗚尊の勧請だったのではないか。

新羅に牛頭山という山があるのかどうか、わたしは知らないが、牛頭天王《ごずてんのう》を祀っていた場所だと解釈すればよかろう。牛頭天王はインドの祇園精舎の守護神で、疫病《やくびょう》を退治する能力がある神として信仰されていた。

牛頭山から素戔嗚尊を勧請してきたというのは、「牛頭天王でもあり、素戔嗚尊でもある疫病除《よ》けの神さま」を勧請してきたということだと解釈される。

つまりこの伝説によれば、斉明天皇二年は牛頭天王というありがたい神さまがインド、中国、朝鮮をへて初めて日本にやってきた年だということになる。

疫病退散の神の牛頭天王を勧請するだけでは疫病は退散しない。八坂氏は病気一般に対する知識と経験が豊富な氏族だったと想像できる。

牛頭天王は祇園精舎を守る神だから、八坂の地に祇園精舎が建てられるのは、もう時間の問題だ。

それはいいとして、「素戔嗚尊は牛頭天王でもある」とは、いったいどういうわけなのだろう？

二つの理由が考えられる。

まず、「悲劇の英雄の凱旋《がいせん》」という原則によったのではないか、ということ。こんな原則は聞いたことがないという人も多いだろう。それが道理というもので、わたしがたったいま思いついた原則なのだ。

源 義経《みなもとのよしつね》、菅原道真《すがわらのみちざね》、ちかいところでは西郷隆盛《さいごうたかもり》――ここに共通するのは何かというと、政争に敗れ、怨《うら》みをいだいたまま死んでいった人だということ。何年かすると、「あいつは生きている、死んでなんかいないのだ！」という噂が生まれ、その次に「あいつが帰ってくるそうだ。どうすればいい？」と恐怖に襲われる。

素戔嗚尊も政争の敗北者である。

姉で正義の神の天照大神《あまてらすおおみかみ》に対してありとあらゆる反抗を試みた。怒った天照大神が天の岩戸に隠れたので、世のなかが真っ暗になったこともある。だが最後には敗れ、手足の爪を剝《は》ぎとられる処刑のあと、「根の堅洲国《かたすくに》」に追放された。この「根の堅洲国」は「もうひとつの世界」を意味しているらしい。

素戔嗚尊には、もうひとつの世界から帰り、自分を負かした者を相手に復讐の戦いを挑《いど》む、充分な資格がある。

素戔嗚尊はじつは死んではいず、新羅の国で生きていて、いま牛頭天王に姿を変え、復讐のために帰ってきて八坂に祀られたのではなかろうか？

●なぜ八坂氏は独自の神を祀《まつ》らなかったのか

もうひとつの理由は、こういうものだ。

自分たちの神を祀るまでには成長したものの、八坂氏の勢力がそれ以上に拡大するとは自他ともに思えない。だから、百パーセント朝鮮的性格の神を祀るだけの威厳がない。

「宗教は民族の命である。妥協するぐらいなら、死んだほうがまし」

こういう態度で八坂氏独自の神を祀ると、ほかの氏族の反感をかい、よってたかってぶち壊されるおそれがあったのではないか。

つまり、妥協したのだ。

何に対して妥協したかというと、京都の、あるいは日本の宗教慣習にである。

「新しい神ではあるが、なるほど、その神を祀る合理性はあるな。気がつかなかったのは、こちらの迂闊《うかつ》だ」

こういうふうに共感を得られる神の形で祀ればいい。それが素戔嗚尊の形をとったのではないか。

素戔嗚尊を神として祀ることが受け入れられるには、それ以前に素戔嗚尊が恐れられている前提が必要だ。七世紀の日本に、そういう状況があったのか、どうか？

これについて、わたしはまったく非力だが、推測の手がかりがないわけではない。つまりこの時期は、日本の神話が『日本書紀』や『古事記』に整理されてくる時だった。これをヒントにすれば、答えとまでは行かなくとも、近いものは出てくるのではなかろうか。

神話は民族共通の記憶である……それはそうだろうが、もうすこし厳密に考えるのも必要なはずだ。とくに国家草創の神話となると矛盾が許されないから、記憶を集めてずらっと並べるだけではすまないはずだ。

「その神さま、もう死んじゃったの？　困るなア。こっちの事件は三年先に起こるんだけど、その神さまが登場しないと、まるで筋が成り立たないんだ」

「そんなこと言ったって、ここでこの神さまに死んでいただかないと、次の場面が展開できない。そちらは何か適当な神さまをみつくろって、登場してもらえば……?」

てんやわんやの騒ぎのなかで、「素戔嗚尊への恐怖構造」がふくらんでいったのではないか。

さらに想像を逞《たくま》しくするのを許していただけるなら、神話を整理する作業に八坂氏も参加していたのではないか。文化先進の朝鮮半島からやってきた八坂氏である、こういうことは先住日本人よりははるかに得意なはずだから。

とにもかくにも、インドの牛頭天王と日本の素戔嗚尊とは、朝鮮半島から渡来した八坂氏によって、この八坂の地で初めて合体したのである。

●〝蘇民将来《そみんしょうらい》〟伝説が意味するものとは

八坂神社の祭神は「櫛稲田姫命《くしなだひめのみこと》」、「八柱御子神《やはしらのみこがみ》」、そして「素戔嗚尊」の三神である。

八坂神社は疫神社を中心にして発展してきた。それでは疫神社の祭神は素戔嗚尊または牛頭天王かというと、これが違うから厄介《やっかい》だ。疫神社の祭神は「蘇民《そみん》将来《しょうらい》」という一風変わった名前の神さまで、疫神社の別名も「蘇民将来社」なのだ。

蘇民将来とは、いったい何か？

字づらからすると中国か朝鮮の人みたいで、じっさい中国の明《みん》の時代には蘇民という政治家がいた。しかし、蘇民将来という人や神さまのことはわからない。

蘇民将来の一般的な伝説は、つぎのようなものである。

〈北の海の武塔天神が南の海の女との結婚のために旅していて、日が暮れたので将来兄弟に「泊めてほしい」と頼んだ。

兄の巨旦《こたん》将来は富んでいたが、宿を貸さなかった。弟の蘇民将来は貧しい男だったが、喜んで宿を貸し、さまざまに饗応《きょうおう》した。

何年かして、武塔天神は八柱の子をともなってふたたび蘇民将来の家を訪れ、「恩返しである」と言って、蘇民の家族の腰に茅《かや》の輪《わ》を付けさせた。

その晩、はげしい疫病が一帯を襲い、蘇民将来の家族のほかのすべてが死んでしまった。

すると天神は、「われこそ素戔嗚尊である」と名乗り、こう付け足した。

「これから後でも、疫病が流行したときには『我らは蘇民将来の子孫である』と

"疫《えき》神社"はなぜ「蘇《そ》民将来《みんしょうらい》社」なのか

インド呪術に影響された祇園の街並

名乗り、腰に茅の輪をつければ病気にはならない」〉

『備後《びんご》国風土記・逸文』に出てくる蘇民将来の伝説を紹介した。『備後国風土記・逸文』は、ここでは「この話は祇園社の本縁である」と説明されている。本縁とは、いくつかある縁起《えんぎ》のうちでいちばん真実を伝えるもの、といった意味だ。

これはまた、茅の輪の信仰の由来を説明する伝説にもなっている。「茅《ち》の輪くぐり」の行事を持つ神社はめずらしくないし、「蘇民将来子孫」と書いた札を門前に貼っておけば家族は病気にならない、という習慣もかなり広く普及している。祇園社がある土地では必ずと言っていいほど、家々の入口に「蘇民将来子孫」の札が見られるはずだ。

蘇は紫蘇《しそ》のことだから、薬の原料になる。また「よみがえる」という意味の動詞でもあるから、疫病退散に縁がないわけでもない。

それにしても、蘇民将来のことはよくわからない。

よくわからないけれども、ただひとつ確実なことがある。それはこの伝説が、「遠来の人、とくに困っている人を丁寧《ていねい》にもてなしてあげれば未来永劫《えいごう》にわたっ

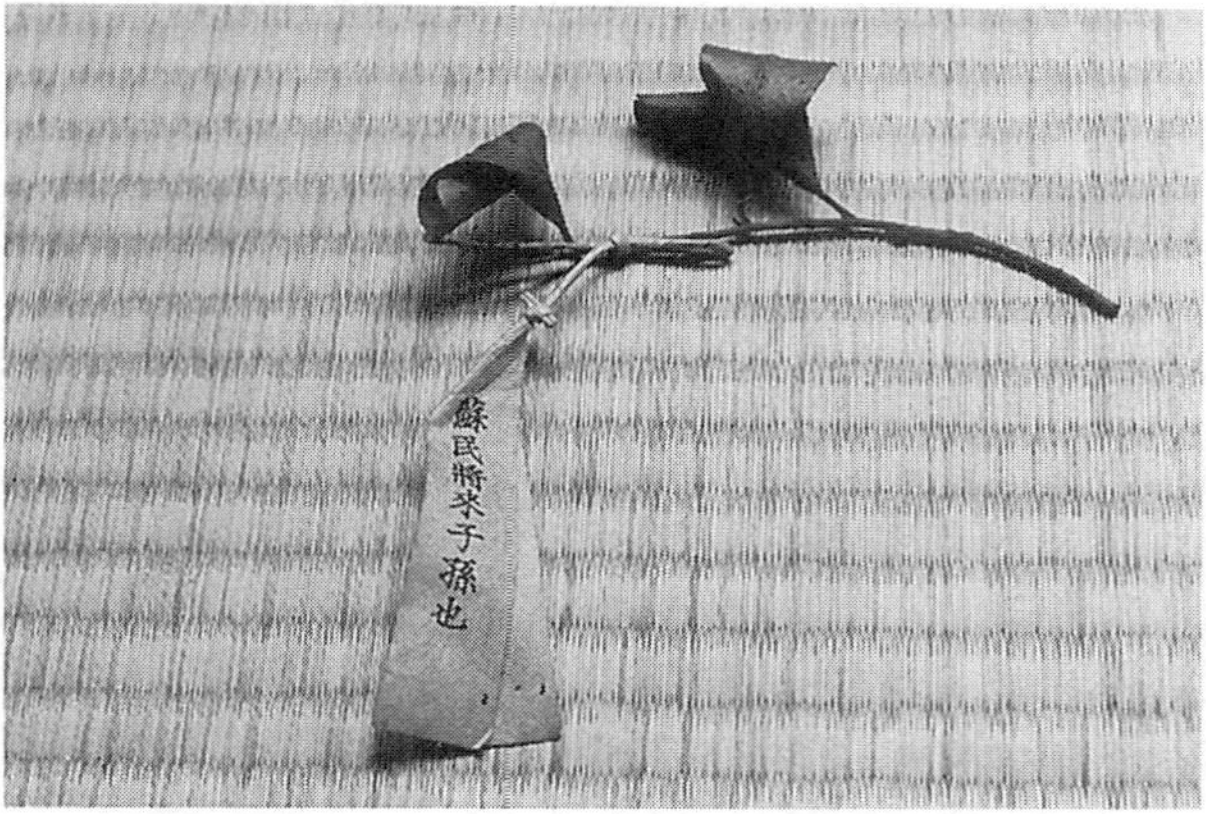

疫病《やくびょう》退散が目的の「蘇民将来子孫」の札

〝疫《えき》神社〟内の「蘇民将来」の額

て幸福にめぐまれるよ」と教えていることだ。

蘇民将来は、遠来の人や困っている人に援助を惜しまない人だった。そういう人は何も蘇民将来ひとりに限ったことではない。あっちにもこっちにもいるのだが、なかなか発見されない。それを発見する役割を担《にな》っているのが、素戔嗚尊なのだ。

正義の神の天照大神には、そういうことはできない。はっきり「できない」とされているわけではないが、得意な分野ではない。政争に敗れた神や人、そういう人々こそ各地に隠れている蘇民将来を発見して恵みを与える特殊な能力を持っている、という考え方が示されている。

●なぜ、頭に赤い角《つの》が生えた神なのか

新羅から勧請された時点で牛頭天王と素戔嗚尊とは合体したのだから、蘇民将来を発見したのは牛頭天王であるという伝説もあるにちがいない。

東北大学に所蔵されている『祇園牛頭天王御縁起』という文書では、素戔嗚尊は牛頭天王に代わっているという。徳田和夫《とくだかずお》氏が紹介されたのをお借りして要約

しておく（『日本・伝奇伝説大事典』）。

〈豊饒《ほうじょう》国の武塔王の子は三尺の赤い角《つの》が生えていたので、即位したとき「牛頭天王」と名乗ったが、その容貌のせいで后《きさき》になってくれる女性が現われないので困っていた。

狩りに出たとき、山鳩が現われて「沙竭羅龍王の三女の婆利釆女が、お前の后になる」と告げた。

途中で古端《こたん》将来という富者に宿をもとめるが拒絶され、牛頭天王は怒った。古端将来の弟の蘇民将来は貧しい者だったが、こころよく宿を貸し、粟飯《あわめし》でもてなした。

出発するとき天王は「牛玉」という宝を蘇民に与えた。

牛頭天王は龍宮で婆利釆女と結婚し、八年のうちに七男一女の子を儲け、豊饒国に帰る途中、蘇民の家に立ち寄った。蘇民は牛玉を使って七珍万宝を祈り出して天王を歓迎した。

古端将来は天王に攻められるのを恐れて、千人の僧に大般若《だいはんにや》経《きよう》を読ませて防ごうとしたが、一人の僧が居眠りをして経を読み落としたために呪《じゆ》力《りよく》が解け、一族もろとも天王に攻め殺されてしまった。

牛頭天王は王子たちに命令した——蘇民将来の子孫をいつまでも保護せよ、と〉

この伝説ではじめて、牛頭天王の姿がはっきりした。頭に三尺の赤い角が生えていたのだ。何本かわからないが、たぶん一本だろう。

素戔嗚尊の恐ろしさは周知のことだから、なぜ恐ろしいのか、説明する必要はない。牛頭天王となると名前は恐ろしいものの、恐ろしさの内容がわからない。そこで「頭に三尺ほどの赤い角が生えていた」として恐ろしさを具象化し、それをストーリーの発端にしたわけだ。

「赤い角」にしたのは、赤い色には邪気を払う呪力があると信じられていたからにほかならない。

そして、これは八坂神社に限ったことではないが、神社の色は赤を基本にしている。八坂神社の門が朱塗りなのは見映えが目的ではなくて、邪気を防ぐことにある。

八坂神社の石段を登るとき、足が重いと感じるときには気をつけたほうがいい。素戔嗚尊か牛頭天王のセンサーが作動して、あなたの邪気や殺気、あるいは悪意といったものを察知しているから。

●名前が一定しなかった〝八坂神社〟

八坂氏の建てた小さな祠《ほこら》は「祇園感神院」とか「牛頭天王社」「祇園天神社」など、さまざまに呼ばれたらしい。

神社や寺院の名前が変わるのはめずらしくはないが、性格が安定するとともに名前も一定して、その後はもう変わらない。ところが、八坂神社はなかなか名前が一定しなかった。わたしは一貫して「八坂神社」と書いてきたのだが、これは明治になって決定した名前なのである。つまり、八坂神社の名前はそれくらい揺れていたわけだ。

なぜかというと、神社でありながら仏教寺院の性格も濃厚だったからだ。初期には奈良の興福寺《こうふくじ》に属していて、十世紀の後半に天台宗に属したらしい。

神仏習合の時代とはいえ、神社にお経を読む僧がいる、お寺の隅に小さい社《やしろ》があるといった程度のことで、神社が特定の仏教宗派に属してしまうのはいささか行き過ぎだ。

そこでまた「なぜか」となるが、八坂氏の勢力が弱かったからだろう。平安時代になると八坂氏の存在そのものが忘れられてしまうのである。

興福寺に属していたころは、おなじ興福寺末寺の清水寺《きよみずでら》とのトラブルが続発し、しばしば暴力沙汰に発展した。このことは13章の三年坂のところで詳述する。

そのころ、東隣りに天台宗の蓮花寺《れんげじ》という寺があり、この寺ともトラブルを起こして敗北し、天台宗に移されたという話がある。

トラブルの発端は紅葉である。

〈八坂神社に良算という別当《べっとう》（僧職の一つ）がいた。隣りの蓮花寺の紅葉が見事な色になったので欲しいと思い、寺男に「一枝、折ってまいれ」と命じた。

男が蓮花寺に侵入して紅葉の枝を折ろうとしていたら、蓮花寺の住職に見つかってしまう。

「祇園の別当がいかに人徳が高いとはいえ、天台の寺に無断で入り、好き勝手に紅葉を折るとはけしからん！」

男はすごすごと引き返し、しかじか、と報告すると、良算はまなじりを決して叫んだ。

「よーし。こうなったら、一枝二枝とは言わん。紅葉の木を根本から切り倒してしまえ！」

ところが、蓮花寺もさるもの、良算の出方を察して、自分の手で紅葉を切り倒してしまったのである。

祇園社と蓮花寺の争いはそれぞれの本山の興福寺と延暦寺《えんりやくじ》の争いとなり、朝廷に持ち込まれた。裁判の途中で延暦寺側の原告の慈恵《じえ》上人は病死するが、慈恵の霊の威力に負けた興福寺側の中尊は裁判に欠席せざるをえなくなり、敗訴した。こうして祇園社は興福寺から天台宗に奪われたかたちになった〉

この話は『今昔物語《こんじやく》』に出ているが、一方的に延暦寺の側だけに立っての説明だから、鵜《う》呑《の》みにはできない。

しかし、その後も興福寺は、八坂神社の領有を主張して延暦寺と争ったのは事実だ。つまり八坂神社の勢力は弱く、延暦寺や興福寺という強力な寺のあいだにはさまれ、キャッチボールみたいに翻弄《ほんろう》される存在だった。

ところが、である。

長徳《ちょうとく》元年（九九五）に八坂神社は「臨時奉幣社《ほうへいしゃ》」のひとつに指定された。天皇が奉幣する二十二の神社のひとつになったのである。

●呪《まじな》い札の五角形は何を意味するか

十数年まえにはキャッチボールみたいに翻弄されていたのに、いまは天皇の奉幣使を迎える別格の神社に昇格した――この秘密はどこにあったのか？

とくに難解な秘密というわけではない。疫病退散の御霊会《ごりょうえ》であり、牛頭天王や素戔嗚尊の威力である。

平安時代の初期には、京都のあちこちで御霊会がひらかれていた。そのうち、もっとも効果があるとされていたのが北野《きたの》と祇園だったのである。

さてここで、八坂神社の祭りの祇園祭りが、もともとは疫病退散を祈る御霊会なのを思い出していただきたい。その御霊会は祇園だけではなく、北野でもひらかれていたのだ。

そこで新しい謎が生まれてくる――最大規模の御霊会はなぜ祇園に定着したの

か、なぜ北野ではなかったのか？

結論から先に言うと、疫病退散祈願の効果の差であり、その差は祭神の性格や祈願の儀式の相違に関係している。

北野の祭神は菅原道真の御霊《ごりよう》である。まだ御霊にならない、怨霊《おんりよう》のころの道真の祟《たた》りには圧倒的な恐ろしさがあった。だから道真の御霊に疫病退散を祈ればかなりの効果はあったはずだが、なんといっても牛頭天王や素戔嗚尊には負ける。

牛頭天王に祈って疫病退散を願う儀式は舶来の呪術《じゆじゆつ》であった。なんともいえぬオドロオドロシサがあって、「うん、これなら絶対に疫病は退散する！」と納得させる具体性があった。

牛頭天王の加護によって疫病から逃れようと思う人は「蘇民将来子孫」と書いた札を門口《かどぐち》や身体につけるのだが、この札はレプリカ（擬似品）にすぎない。レプリカなりの効能はもっているが、本体ではないのだ。

本体はどういうものかというと、柳の木の東に向かって突き出している枝を切って四角に削り、首に当たる部分を五角形にする。これが「蘇民将来子孫」の呪《まじな》いの札の本体なのである（59ページ上の写真参照）。

五角形は五稜星《ごりょうせい》を表わしている。五稜星は陰陽道《おんみょうどう》で使われる重要なデザインで、陰陽師の安倍晴明《あべのせいめい》もこれを自分の紋として使っていた。晴明の館《やかた》跡は一条《いちじょう》戻橋《もどりばし》のすぐ西の晴明神社になっているから、戻橋へ行ったときに五稜星のデザインを確認してほしい。

牛頭天王の呪術は陰陽道そのものではないが、陰陽道の知識と体験をたっぷり採りいれていたはずだ。最新で、かつ舶来の牛頭天王の呪術なのだ。菅原道真の御霊よりもはるかに疫病退散の効果がある、と人々が思ったのも当然だ。

いまの祇園祭りでは、それぞれの山鉾《やまぼこ》や山《やま》（山車《だし》）の会所《かいしょ》で「粽《ちまき》」を売っている。以前は巡行する鉾や山の上から見物人に向かって投げられていたが、群衆がむらがって危険なので、いまは会所で売られるだけになったという歴史がある。

この粽はもともとは疫神社が参詣者にさずけていたものだ。例祭の参詣者は、まず社前の「茅の輪」をくぐり、それから粽をいただいて帰ることになっている。

粽は茅萱《ちがや》を巻いたもので、菓子の粽ではないから、中には何も入っていない。これもやはり茅の輪のレプリカであり、人の形になぞらえてあるのだろう。

陰陽師《おんみようじ》・安倍晴明《あべのせいめい》が使った紋〈五稜星《ごりようせい》〉

〈五稜星〉が使われる〝晴明神社〟

●ヤジさん、キタさんも食べた祇園豆腐

西の朱塗りの楼門から入ったら、帰りはぜひとも南の門にまわっていただきたい。

門を出たすぐのところに「中村楼《なかむらろう》」という料理屋がある。むかしはもう一軒、「藤屋」があり、あわせて、「二軒茶屋」といわれていた。

参詣人相手の茶屋だから、料理というほどのものは出さず、名物は「祇園豆腐」。薄く切った豆腐を串に刺し、すこし炙《あぶ》ってから味噌のたまり汁で煮たもの。

『東海道中膝栗毛《ひざくりげ》』のヤジさんとキタさんもここで豆腐を食べた。

客を呼びこむ若い女の様子を見て、ヤジさんが川柳《せんりゅう》を一句思い出す。

「豆腐切る顔に祇園の人だかり」

大きな俎《まないた》を店先に持ち出し、美人の女中たちがトントトトトトントンと拍子をそろえて豆腐を切っていたのである。客の気を引く板前料理の風景というものではあった。

3

〝京のへそ石〟伝説と聖徳太子《しょうとくたいし》

——六角堂《ろっかくどう》に今も眠る〝六角形の石〟の謎

【この章に登場する主な史蹟】

●なぜ、ヘソ石は六角形なのか

明治のころまで、京都には平安京からずっと位置の変わらないものが三つある、といわれていたそうだ。堀川《ほりかわ》、東寺《とうじ》の南門の石壇、そしてこの六角堂のヘソ石である。

ヘソは、ヘソの緒で母胎につながっていた跡だ。六角堂のヘソ石は、奈良時代の山城《やましろ》国につながっている。

六角堂は、頂法寺《ちょうほうじ》というお寺の本堂なのだが、京都の人が頂法寺と言うことはまずなくて、六角堂と言うだけで通じる。

六角堂の前を通るのが六角通《どおり》で、京都に多い、お寺の名前をつけた通りの一例だ。明治十年までは、ヘソ石はこの六角通の真ん中にあった。

通るのが人と大八車ぐらいなら、道の真ん中にヘソ石がでーんとすわっているのも愛嬌《あいきょう》だが、自動車が通るとなってはそうもいかず、お寺の脇門の中へ移した。それがいまの場所である。

ヘソ石を動かせば、石は怒って祟《たた》る。京都の人がみんな病気になって死んでしまうぞと心配する人も多かったが、そういうことにはならなかった。昭和になって敷石のそばで遊ぶ子供たちがつまずいて怪我《けが》をするので、平面の敷石のなかに埋め込んだ。地面の上に顔を出していれば目につきやすいが、平面の敷石のなかに埋め込んであるので、表示がなければ見逃しかねない。気にならない存在ということでは、なるほどヘソに似ているな、などと考えるのも悪くない。

そういえば、ついうっかりして書くのを忘れたが、ヘソ石は六角形である。六角形のヘソ石、六角形の本堂、そして六角通と、このあたりは六の字でいっぱいだ。

●聖徳太子《しょうとくたいし》が建立《こんりゅう》した観音堂の礎石か

ヘソ石の伝説は、聖徳太子にはじまる。朝廷がまだ飛鳥《あすか》にあったころの話だ。淡路《あわじ》島の岩屋に小さな唐櫃《からびつ》が流れ着いたので、聖徳太子に届けられた。なかには如意輪観音《にょいりんかんのん》が入っていたので、太子は自分の持仏として大切にしていた。

そのころ太子は物部守屋《もののべのもりや》と争っていたので、如意輪観音に勝利を祈り、「勝た

〈六〉の字に囲まれた〝頂法寺《ちょうほうじ》・六角堂〟

せていただければ四天王寺《してんのうじ》を建立《こんりゅう》いたします」と誓いを立てた。

物部氏との争いに勝った太子は、四天王寺の建立にかかる。よい材木をたずねて山城国の愛宕《あたご》にやってきた。きれいな池があったので水を浴びようとして、ふところの如意輪観音を近くの木の枝にかけた。

水浴びが終わり、木の枝から如意輪観音をはずそうとしたが、どういうわけか、枝から離れない。

「これは、何か、ある」

とっさにそう悟った太子は、その場に伏して眠った。夢のなかで観音のお告げを聞こうとしたのである。

太子の夢枕に立った観音は、こう告げた。

「お前の守り本尊となってから、すでに七世が過ぎた。これからは、この場所にとどまって衆生《しゅじょう》の救済に当たりたい」

太子は観音のために、ここにお堂を建てようと決意した。そこへひとりの老女がやってきたので、「この辺に、観音のお堂を建てるにふさわしい木はないかな」とたずねた。

「あそこに一本の杉の木があります。朝な朝な、あの杉の木から紫の雲がたなびくのです。観音さまのお堂には、ふさわしい木でありましょう」

その日は暮れ、翌朝老女に教えられた所に行くと、一本の杉の木があったので、それを伐《き》って六角形のお堂を建てた。それが六角堂のはじまりであるという。

ヘソ石は、聖徳太子が建立した観音堂の礎石ではないか——これがまず有力な説となっているが、ひとつしか発見されていないのが疑問として残る。礎石ならば、六個あったはずなのだ。不心得者がいて、漬物石にでも使ったのだろうか。

●平安京造営にまつわるエピソード

奈良から長岡へ、そして藤原種継《たねつぐ》暗殺事件があり、早良《さわら》親王の怨霊《おんりょう》に祟られた都は平安京に遷《うつ》ってくる。

東西南北に大路小路を通す都市計画がつくられ、工事がはじまる。

「これは、困ったな！」

東西に走る予定の一本の小路が、六角堂にぶつかってしまうとわかったのだ。計画の変更は不可能だし、といって、聖徳太子にゆかりがあるといわれる六角堂のこと、役人が勝手に動かすわけにもいかない。

ああでもない、こうでもないと議論百出、結局は天皇の権威を借りるよりほかはないということになった。桓武《かんむ》天皇の勅使《ちよくし》が出向いてきて、六角堂に向かってお願いした。

「この土地を離れたくないとおぼしめしならば、どうか、南北いずれなりとも、お移りいただきたい」

すると、にわかに天がかきくもって怪しい風が起こった。さては観音さまがお怒りになったのかと思ううちに、六角堂はひとりでに五丈（約15メートル）ばかり北へ移動していた。

ヘソ石が観音堂の礎石だとするなら、この不思議な移動のとき、六個のうちの一個が元の位置に置き忘れられてしまったのかとも考えられるが、観音さまがそんな間抜けなことをするはずはなかろう。

しかし、ヘソというのはなんとなく間が抜けていて、そこに愛嬌もあるわけだから、置き忘れられた石がヘソ石ではないのかなと考えるのも、面白くはある。

〝六角堂〟を建立《こんりゅう》したとされる聖徳太子

頂法寺に今も眠る〝ヘソ石〟

●池の水位計を支えていた？

ずっと時代はさがって、江戸時代。なにしろ暇《ひま》で暇で仕方のない時代であったから、素人《しろうと》考古学者が掃いて捨てるほど登場して、「ソレはコレである、コレはソレではない」の議論に明け暮れていた。堅物《かたぶつ》の儒学者のはずの荻生徂来《おぎゅうそらい》でさえ、『南留別志《なるべし》』なんていう本を書いている。「コレはソレなるべし」という探究の書物だ。

六角堂のヘソ石は、その形といい伝説といい、好奇心の対象としては文句のないものだった。

田宮仲宣《たみやなかのぶ》という人の考察は、次のようである。

「むかし、六角堂の前には水位をはかる水竿《すいかん》が立ててあった。いつも水位をはかっていて、危険になると鐘を打って市民に知らせていた。これは、ある古老にうかがったはなしである。だから鐘楼《しょうろう》も六角堂の内にあって、経費は下京《しもぎょう》の人の負担となっている」（『愚雑俎《ぐざつそ》』より）

ヘソ石は、水位計を立てておいた台の礎石である、という解釈だ。これならば、ヘソ石が一個しかなくてもかまわない。

水位計といっても、川の水の増減をはかるものではないだろう。川というとまず鴨《かも》川、そして堀《ほり》川だが、この川の水があふれて六角堂のあたりが危険になったら、鐘を撞《つ》いて知らせても間に合うわけがない。

川ではなくて、池の水の水位を測ったのではないかと考えたら、どうか。

聖徳太子のところで書いておいた（76ページ）が、六角堂の誕生では池が重要な意味を持っていた。そしてまた、このあたりは実際に池や泉が多かった地勢である。

六角通から北へ四本目の通りを「神泉苑《しんせんえん》通」という。

太古、このあたり一面は水の下にあった。水がしだいに引いていって中洲が現われ、水よりも地面のほうが多くなったところで平安京がつくられた。それでも太古の名残りの池や泉はあっちこっちにあった。どうにも始末のつかない中央部分の湿地を逆に活かして庭園としたのが、神泉苑だ。

だから六角堂のあたりには大きな池があった。池の水があふれる危険があり、池の水を上げ下げする地下水の水位を計測しておく必要はあった。

●〝応仁の乱〟後の復興の拠点

六角の観音堂は嵯峨《さが》天皇の勅願所に指定され、そのあとでは花山《かざん》法皇の行幸《ぎょうこう》があって西国《さいごく》巡礼第十八番の札所《ふだしょ》になったと伝えられる。

六角堂という名で歴史に現われるのは、平安時代の中ごろからだ。貴族の参詣が盛んで、清水寺《きよみずでら》や延暦寺《えんりやくじ》、あるいは広隆寺《こうりゆうじ》といった格の高いお寺と肩を並べていた時期が続いた。

とくに、町の真ん中という地の利もあって、庶民の信仰を集めたのが六角堂の特徴である。遠くなら鴨川を越えて清水寺、近くなら六角堂へというのが京都市民の日常の信仰であったようだ。

疫病《えきびょう》がはやると、たちまち数千数万という庶民が集まってきて疫病退散を祈《き》禱《とう》した。

疫病の退散を祈る、それは現状の変革を意図する祈りであった。朝廷や貴族の寺ではただひたすら来世の浄土往生《おうじょう》が祈られたが、庶民の信仰は現状変革を意

湿地が活かされて庭園となった〝神泉苑《しんせんえん》〟

図する、力強いものだった。

何度かあった京都の大火でも不思議に焼け残ったが、応仁《おうにん》の乱では、さしもの六角堂も焼けてしまった。そして、戦後の復興は、まず六角堂の再建からはじまったのである。

六角堂を再建したのは、いわゆる町衆と呼ばれる新しい京都の主人だった。彼らは戦後の京都に自治の制度をつくり、その自治の制度を力として京都を復興させていった。その運動の中心になったのが下京ではこの六角堂で、上京《かみぎょう》では革《こう》堂《どう》だった。

いまの京都は上京・中京《なかぎょう》・下京に分かれているが、こうなったのは昭和四年（一九二九）のこと、それまではずっと上京と下京の二区だった。上京の南部と下京の北部を合わせて中京区ができたわけである。

上京の中心になった革堂とは寛弘《かんこう》元年（一〇〇四）に行円《ぎょうえん》上人がひらいた寺で、行願寺《ぎょうがんじ》といい、中京区の寺町通竹屋町《てらまちどおりたけやまち》の、下御霊《しもごりょう》神社のすぐ南にある。

行円上人は、山のなかで鹿を射たところ、鹿の腹のなかから子鹿が出てきたのにショックをうけ、仏心を起こして出家した人だ。出家してからも、その子鹿の革を着て念仏をとなえていたので、行願寺は革堂と呼ばれた。本尊は千手《せんじゅ》観音で、洛陽《らくよう》七観音のひとつに数えられていた。

応仁の乱後の復興の拠点となった六角堂と革堂とは、いわば町衆政府の役所だったと考えればいい。

そして、六角堂の石がヘソ石といわれるようになったのは、このことといちばん深く関係しているようだ。

●町衆に迎えられた法華宗《ほっけしゅう》とのつながり

町衆は新しい仏教の法華宗を信仰した。現世の利益や欲望を認め、他宗を排斥《はいせき》する法華の精神は、町衆の信仰に真っ正面から応《こた》えるものを持っていたのである。町衆は国家鎮護にはまったく関心がないし、浄土往生を人生最大の目標とするほど神経が疲れてはいなかった。

応仁の乱のあと、京都にぞくぞくと法華宗の本山が建てられ、その数は二十一にも達した。しかもその本山は、いま旧市内といわれる上京と下京に集中していた。それまでの京都の本山といえば、東寺《とうじ》や相国寺《しょうこくじ》は別として、比叡《ひえい》山延暦寺のように町を遠く離れた深山幽谷《ゆうこく》に建てられることで世俗との交《まじ》わりを断っていた。

町のなかに建てられた法華宗の本山、それこそ法華と町衆との深いつながりを示すものにほかならない。

法華の信仰が、町衆の団結の精神的きずなになった。町々を自治的に運営して、地子銭《じしせん》(住民税)の支払いについても自分たちの利益を優先した。地子銭収入を財政の大きな柱にしている大名や寺社にとって、法華勢力は許せない強大な敵になった。

農村地帯では浄土教の新しい宗派、浄土真宗が強くなっていた。真宗の信徒たちもまた古い政治勢力と戦っている。彼らもまた信仰を柱にして団結して戦っていたから、「一向一揆《いっこういっき》」と呼ばれた。

京都は農村に囲まれていて、そこでは一向一揆が盛んになっている。一揆は山《やま》科《しな》の本願寺を根拠として、隙《すき》をみては京都に突入しようとしていた。郊外では、両者の衝突も起こっていた。

法華と一向一揆の対立に大名の争いがからむから、戦局は複雑である。対立は激化の一途をたどり、京都の法華寺院はまるで城とおなじ武装で防衛した。

それがどのくらいであったかというと、本能寺《ほんのうじ》にはかなり多数の鉄砲が備えら

応仁の乱後、復興の拠点となった〝行願寺《ぎょうがんじ》・革堂《こうどう》〟

華道の「池坊《いけのぼう》」を生んだ六角堂裏の池

れていた。鉄砲を備え、広大な寺域のまわりには深い堀を掘り、高い塀を立てならべて外からの侵入に備えていたのである。

法華勢力は町の裁判権までにぎっていた。放火犯人が法華宗の裁判で死刑判決をうけ、即座に執行されたという記録もある。

こういう状態は、敵の勢力からは「法華一揆」と呼ばれていた。一揆といっても、一向一揆のようなゲリラ戦のことではなく、京都の町を自治的に運営していた、そのことを指すのである。

●〝一向一揆〟の対策本部だった六角堂

天文《てんぶん》元年（一五三二）からほぼ五年のあいだ、京都は法華一揆に牛耳《ぎゆうじ》られていた。ほかの勢力にとっては、短い時間ではない。この状態が永続することはありえなかった。

天文五年の夏、ついに決戦の時がきた。山科本願寺を焼かれた一向一揆は戦うだけの力がなく、法華を攻撃したのは延暦寺と近江《おうみ》の大名の六角定頼《ろっかくさだより》である。合わせて十数万の軍隊が東と西の二方から京都に迫る。迎え討つ法華――京都側の兵は二万ないし三万という。

六角堂が戦闘本部になった。

早鐘が打ち鳴らされ、武装した法華の信徒が右往左往する。

しかし、多勢に無勢、六日間にわたる戦争の結果は法華の敗北となり、市内に二十一もあった本山はすべて焼け落ちた。生き残った僧と信徒は堺《さかい》に逃げていったのである。

さて、六角堂の運命は、どうなる？　法華宗と町衆との戦闘本部になった六角堂は取り壊されるかもしれない。

さいわいにも、不安な予想ははずれた。法華の信仰はいったんやぶれたが、自治の拠点はつぶされなかったのである。

「負けはしたが、まあ、俺たちはよく戦ったといっていいんじゃないかな」

深い溜め息をつくとき、町衆たちはあらためて六角堂と、堂の前にでんと鎮座している奇妙な形の石とを見直したはずだ。

「そうか。お前というやつは、人間の戦争なんかには何の影響もうけないのだな」

いつくしむように、石を撫《な》でまわす者もあったろう。所在のないとき、人は自分のヘソのあたりを撫でまわす——そうか、この石はまるで京都のヘソみたいなやつだ。

永禄《えいろく》十一年（一五六八）、京都の新しい支配者として織田信長がやってきた。

「この信長のほか、どんな勢力も存在させない！」

強い決意でやってきた信長は、町衆の自治に対しても完全な屈伏を求めた。屈伏のあかしとして金銀を献納せよ、と命じた。嫌ならば焼いてしまうぞと脅迫した。

上京の町衆たちは革堂に首を集めて協議の結果、「屈伏しない！」と決議したが、すかさず信長の焼き打ちにあった。

下京の町衆たちは六角堂に集まって協議し、銀十三枚を提供して焼き打ちをまぬかれた。

内裏《だいり》や幕府のある上京は政治性の高い区域だが、下京のほうは百パーセント近くまで商人の町になっている。この相違もあって信長は上京にきびしい態度をとり、その分だけ下京には寛大になった、ともいえようか。

●〝池坊《いけのぼう》〟は六角堂の僧の宿舎から始まった

活《い》け花――野に咲く花を切って室内に飾る楽しみ。それはいつしか「道」の名をつけられ、「華道」などと、怖くて近づきがたい感じの芸能になってきた。そうなるには、これがもともと室町幕府の将軍の身辺から発達したという事情がからんでいるようだ。

将軍の身辺には、さまざまの芸能で仕《つか》える同朋衆《どうぼうしゆう》という役目の人がいた。同朋衆とは、相阿弥《そうあみ》とか立阿弥《りゆうあみ》などの阿弥号をもつ僧形《そうぎよう》の人たちのことで、「立《りつ》花《か》」のほかに能狂言、造園や茶道など、さまざまのジャンルの芸能で腕をふるっていた。室町時代後期の文化を東山《ひがしやま》文化というが、その東山文化を実質的に築いてきたのは同朋衆にほかならない。

しかし、いま隆盛をきわめている「華道」と同朋衆の「立花」とは直接に系譜がつながるものではない。このあいだには「池坊《いけのぼう》」という大きな存在があって、同朋衆の立花を吸収し、ほとんど性質を変えてしまったのだ。

なぜ同朋衆の立花は衰え、なぜ池坊の立花が栄えたのか？

池坊の「池」とは、六角堂の池である、聖徳太子が水を浴びた池に由来する池である。池の側《そば》に六角堂の司僧の宿舎があって、池坊と呼ばれていた。

十五世紀なかばの司僧は専慶《せんけい》であったが、如意輪観音にそなえる花のことで工夫を重ねていて、同朋衆の活ける花のことも研究していた。

佐々木持晴《ささきもちはる》という大名が専慶の名を聞いて招き、数十枚の草花を金の器《うつわ》に活けさせた。たいそう見事な出来だと評判がたち、京都じゅうの愛好者が集まってきて賞賛した。この専慶という人が、池坊の花の祖とされる。

専慶の花とは、どんなものであったか。

あるとき、池坊に人がやってきて、「花を立ててほしい」と頼んだ。花を立てるのはいいが、あいにくとそのとき、適当な花がなかった。しかし専慶は少しもあわてず、薪《まき》の束《たば》のなかから苔《こけ》の生えたような古くさい薪を取り出して花瓶に活け、薄紅色の紙をひきまわして見事に仕立てた。

頼んだ人の賞賛をよそに、専慶はつぶやいたそうである——こういう花を立てたいものじゃと思っていたが、これは理想に近い出来だ、と。

六角堂は町衆の信仰と団結の中心だ。古い伝統や権威とは無縁の、活力にあふれる新興町人の精神的な柱であった。

そういうところで拍手喝采をうける花の活け方は、仰々《ぎようぎよう》しいものではない。苔の生えた薪に紅色の紙をひきまわしたら花をつけた枝に見えるような、素朴で新鮮なものだけが町衆の美意識に通じるのであった。

4

「醍醐寺」の寺名に秘められた伝説

——なぜ〝醍醐味〟と結びつくのか

【この章に登場する主な史蹟】

●なぜ、醍醐寺の名に「醍醐《だいご》」がつくのか

「醍醐《だいご》といったら何を連想しますか？」というアンケート調査をしたら、どんな結果になるだろうか。

全国区では、醍醐天皇よりも後醍醐《ごだいご》天皇のほうが高い得点をあげるだろう。「醍醐天皇の後だからこそ後醍醐天皇なのに……」といっても、人気と理屈は別のもの。

では、京都地方区ではどうかというと、後醍醐天皇には「騒々しい天皇」という印象があって高得点はのぞめず、したがって醍醐天皇も人気はうすく、かわって醍醐の地名や醍醐寺が圧倒的な得点をあげるはずだ。

醍醐の地名と醍醐寺とではどうなるかというと、これはちょっと微妙だ。二十年ほどまえなら醍醐寺がリードしたに決まっているが、今では団地の建設がすすんで醍醐の住人が増えたという事情がある。

団地ができる前は、「醍醐に住んでいるのか、遠いねえ！」といった印象だった。少数の地付きの人がゆったりと暮らしている、そんな感じの土地だった。

太古のころには、古墳後期からはやくも人間が住んでいた跡が発見されている。

さて、醍醐は山でもある。

観光地図には「醍醐山」などと書いているものがあり、間違いというほどではないにせよ、正しくは「笠取山《かさとりやま》」である。

笠取山の上から下までいっぱいに醍醐寺の伽藍《がらん》が配置されているので、なんとなく、醍醐山といってもかまわないということになっている。新しい住人にとっては、「笠取山なんて聞いたことはない、醍醐山の間違いなんじゃない？」というところだろう。

醍醐寺があるから醍醐といわれることもある。ということは、醍醐寺が先で、醍醐の地名が後だということだ。

では、醍醐寺の寺名は、いったいどういうことで決まったのか？

●泉の水に「醍醐味じゃ」と言った老人

醍醐寺の開基は聖宝《しょうぼう》上、のちには僧正《そうじょう》にまでなる、なかなかの傑物であっ

広大な境内に多くの伽藍《がらん》を配した〝醍醐《だいご》寺〟

て、奈良の東大寺《とうだいじ》にいたころは愉快なエピソードを残している。それから先に紹介しておこう。

上席僧の一人が、とんでもない強欲な人だった。手に入るものはみんな溜め込み、他人のためには一文も出さず、ひたすら蓄財に励んでいた。

そこで聖宝上人、こいつを懲《こ》らしめてやろうと、一山の僧のまえで挑戦した。

「僧の全員にご馳走していただきたいものですな。お返しには、この聖宝、何なりとお望みどおりのことをいたします」

ケチな上席僧は、僧の全員に馳走などとんでもないとは思ったが、挑戦されたままでは名誉に傷がつくと考えなおし、不可能なことを要求して聖宝を困らせてやろうとした。

「さようなれば、葵《あおい》祭りの日に短い股引《ももひ》きだけのまっ裸で、腰に干鮭《ほしじやけ》を差し、雌牛《めうし》に乗って、『我は東大寺の聖宝なり!』と大声で言いながら、京の一条通を大宮から鴨川の河原まで練り歩いてもらおうか」

あっさりと降参するかとおもいきや、聖宝上人は大仏の前に一山の僧を集め、いまの約束の実行を誓った。

さて、葵祭りの当日。

京の一条富小路には東大寺の桟敷《さじき》がもうけられ、かの上席僧をはじめとして多くの僧が陣取っていた。待つほどにやがて、見物の列の遠くのほうから驚きとも哄笑《こうしょう》ともつかぬざわめきが伝わってくる。

首を伸ばしてその方角を見ると、すっ裸の聖宝が腰に鮭を差し、雌牛の背にまたがって練り歩いてくる。雌牛の後からは、若い数十人の僧の行列がつづき、大声で叫んでいるではないか。

「これこそは東大寺の聖宝なり。上席の某法師、一山の僧に馳走なさるにより、約束どおり、かくのごとし！」

葵祭りの行列のうち最高の見物となり、強欲の上席法師は赤っ恥をかいた。

このエピソードは聖宝上人の人となりや、彼が若い僧侶の純真な気持ちに支持されていたことを示す。言い換えると、上人が豊かなリーダーシップの持ち主だったのを示している。上人が豊かなリーダーシップを発揮するとき、一山の開基となるわけだ。

東大寺の修行を了《お》えた聖宝上人は、真言密教をひろめるにふさわしい聖地をもとめて各地を歩いていたが、五色の雲がたなびいているのに誘われ、京のこの地にやってきた。

山の頂上に来ると、ひとりの老人がいて、泉の水を両手ですくって飲み、感に堪《た》えたように言った。

「ああ、これぞまことの醍醐味！」

なに、醍醐味じゃと！　ある予感にうたれた上人は老人にたずねた。

「ここに精舎を建てて仏法をひろめようと思うのじゃが、永続するであろうか？」

「ここは古くから仏教者が修行をつづけたところじゃ」

老人は、自分はじつはこの地の地主《じしゅ》神の横尾《よこお》明神の化身だと打ち明けた。聖宝上人の予感は正しかったのである。泉の水を飲んでみると、老人が「醍醐味」と言ったのにウソはないとわかる。

これがきっかけで聖宝上人は草庵を建て、准胝《じゅんでい》・如意輪《にょいりん》の二観音をまつった。これが醍醐寺のはじまりだ。

●「醍醐」とは、いったい何か

醍醐の味のする水が縁になって創建された寺、それが醍醐寺だ。

では、醍醐とは何か？

牛や羊の乳から精製する液体のことを仏教語で「醍醐」という。すこし甘味のある、ドロリとした液体だという説もあるが、そうするとこれはソフト・ヨーグルトみたいなものかと解釈されるが、山頂の泉の水が醍醐の味がしたというからには、トロリとした液体よりも、サラリとしたふつうの水に近いものではないかと解釈するほうに魅惑を感じる。

ヨーグルトを静かに置いておくと透明な水分が分離してくるが、これが醍醐の水なのかもしれない。

かならずしも液体に限る必要はないのかもしれない。たとえば仏教には「醍醐の灌頂《かんじょう》」という言葉がある。文字どおりには液体を頭に注《そそ》ぐことだが、キリスト教の洗礼とはちがって、仏の智恵を注入することの比喩《ひゆ》らしい。

醍醐の灌頂をうければ悟りを得て、清々《すがすが》しい心になる。中国には「杜甫《とほ》の詩を読んでいれば清々しい心地になる、灌頂は醍醐に限ったことではないのだ」といった意味の詩があるという。

そろそろ結論を出すとすれば、醍醐とは抽象的な価値観の表現であろう。最高、純粋といったものである。だから仏教では、教えの味わいの深く尊いことを

「醍醐の法味《ほうみ》」と言ったりする。

もっとも、醍醐寺建立のきっかけになった醍醐水の泉は、抽象ではなくて実際にあったのだから、現存のものでなくてはならない。醍醐の山は上《かみ》醍醐と下《しも》醍醐に分かれていて、その上醍醐の清滝宮《せいりゆうぐう》の拝殿の横から清水が湧き出ているのが醍醐寺の〝醍醐の水〟だ。

●醍醐天皇と醍醐寺の関係

聖宝上人が草庵をむすんで二体の観音を安置したのは貞観《じようがん》十六年（八七四）だという。新羅《しらぎ》や渤海《ぼつかい》との外交が暗礁《あんしよう》に乗り上げ、内裏《だいり》（宮中）の応天門《おうてんもん》が炎上して伴善男《とものよしお》が放火の容疑で流罪となり、この事件（応天門の変・八六六）をきっかけに藤原氏の宮廷への介入が激しくなる。内外ともに多事多端の時期だった。

創建のときの天皇は清和《せいわ》天皇だが、陽成《ようぜい》から光孝《こうこう》をへて仁和《にんな》三年（八八七）から宇多《うだ》天皇の時代になる。

宇多天皇は、菅原道真《すがわらのみちざね》を登用して藤原氏の横暴を抑えようとした。そもそもは学問専一のはずの菅原家の道真なのに、あれよあれよと出世して右大臣までのぼり、左大臣の藤原時平《ときひら》と対立させられる。

道真が凡庸ならばどうということもなかったはずだが、幸か不幸か、それ相当の政治の腕があった。藤原の栄誉と利益を一身に背負う時平との対立が抜きさしならぬ状況となるうちに、道真を登用した宇多天皇から醍醐天皇にかわる。

その醍醐天皇が最初にやった重大な決定は、菅原道真を失脚させて大宰府《だざいふ》の権帥《ごんのそつ》という地方役人に左遷《させん》したことだ。

道真の失脚は延喜《えんぎ》元年（九〇一）のことだが、その六年後に天皇は醍醐寺を勅願《ちょくがん》寺に指定した。

ところで、「醍醐天皇が醍醐寺を勅願寺に指定した」といえば、なんの不思議もない当然のことのように思える。

「自分が醍醐だから、醍醐寺の名に興味があったからか？」

じつは違うのである。

たとえば空腹の山田さんが食堂をさがしていると、「山田食堂」があった。これも何かの縁だろうと山田食堂にはいって食事をした、というのとは、まるっきり次元の違う話なのだ。

ご存じの方も多いだろうが、天皇の諡号《しごう》（おくりな）は没後におくられる。

「当今《とうぎん》（その時の天皇）さま、たったいまお隠れに……」

「ええっ。では、はやく諡号を決めなくてはなりませんぞ！」

実際にはこんな忙《せわ》しないことではなく、生前のうちに決められた号を使うのだろうが、とにかく天皇自身としては「××天皇」の意識で行動することはないのがふつうだ。当時は、明治以降のように「一世一元」ではないから、年号がそのまま諡号になることもない。

だから、後世でこそ「醍醐寺は醍醐天皇の勅願寺になった」と書かれるけれども、その当時ではただ単に「勅願寺になった」と意識されたのにとどまる。

勅願寺には、天皇の勅願によって創建されるものと、後から勅願寺に指定されるものとの二種類がある。奈良の東大寺や法華寺は前者で、京都の東寺や醍醐寺、南禅寺《なんぜんじ》などは後者だ。

醍醐天皇が醍醐寺を勅願寺に指定した理由については、わたしにはよくわからない。聖宝上人からの働きかけが効を奏したものかと思うのだが、問題はこの先だ。

天皇が亡くなった。

「諡号は醍醐、となりましょうな」

上醍醐《かみだいご》の拝殿脇から流れる〝醍醐の水〞

〝醍醐寺〞を代表する塔頭《たっちゅう》・〝三宝院《さんぼういん》〞

「さよう。それ以外にはありえません」

周囲の人がそう思って疑わないほどの密接な天皇と醍醐寺との関係、それはいったい、どこで生まれたのか、ということだ。

●取り憑《つ》いた菅原道真《すがわらのみちざね》の怨霊《おんりょう》

大宰府に左遷された菅原道真は、二年後に怨《うら》みをいだいて病死する。道真の怨霊は宙を飛んで京都に戻り、猛威をふるった。天災人災が相次ぎ、疫病《えきびょう》、大洪水、大火、旱魃《かんばつ》と、災害が引きも切らない。

延喜二十三年（九二三）に皇太子の保明《やすあきら》親王が若くして亡くなったころから、「これは道真の怨霊が祟《たた》っているのではないか」という噂が流れはじめる。

放置しておけなくなった朝廷は、いまは亡き道真を右大臣に復帰させ、正二位を追贈し、「延長《えんちょう》」と改元した。

それから道真の怨霊は天下晴れて暴れる自由を得て、新皇太子慶頼《よしより》親王の命を奪ったり、旱魃対策を協議している最中の宮殿に落雷して大納言《だいなごん》藤原清貫《きよつら》と右《う》中弁平希世《ちゅうべんたいらのまれよ》の命を奪った。延長八年（九三〇）のことだ。醍醐天皇は打ちのめされ、落雷事件後三カ月で退位を宣言し、まもなく亡くなってしまう。

三十三年の長期におよんだ醍醐天皇の治世は菅原道真の怨霊との対決に終始した、とさえいえる。

道真の怨霊と対決する天皇をかろうじて支えたのが、醍醐寺にたいする篤《あつ》い信仰の姿勢だと見ていいようだ。篤い信仰のあらわれとして、巨額の費用が注《つ》ぎこまれたのである。醍醐寺の伽藍《がらん》をひたすら豪華壮麗にすることで道真の怨霊に対抗しようとした。

天皇の御願堂として五大堂・薬師堂・釈迦堂が次々と造営される。天皇の死の直前には、毎年の米の施入のしきたりが定められた。

葬儀はもちろん醍醐寺で行なわれたし、一周忌に向けて梵鐘《ぼんしょう》がつくられ、一周忌には本堂・礼堂《らいどう》・南中門《ちゅうもん》・回廊・経蔵《きょうぞう》・東西の中門がつくられた。

そして諡号は醍醐――それ以外にはありえなかった。

●なぜ三宝院《さんぼういん》だけが別格なのか

醍醐寺というと三宝院《さんぼういん》、五重塔、そして金堂《こんどう》がポピュラーだ。五重塔は東寺も有名だが、江戸時代の再建だから、天暦《てんりやく》五年(九五一)に完成した醍醐寺の塔のほうが古い。

三宝院は塔頭《たっちゅう》のひとつであるが、醍醐寺といえばすぐに三宝院が連想されるほど、ほかの塔頭とは別格の扱いをうけているようだ。

なぜこうも、三宝院は別格なのか?

総門を入ってすぐのところに三宝院はあり、永久三年(一一一五)に勝覚《しょうかく》上人によって建てられたものだ。翌年、鳥羽《とば》法皇の御願によって院内に灌頂堂《かんじょうどう》がつくられた。

三宝院があたかも醍醐寺を代表するかのようになってくるのは、この灌頂堂をかかえたためだ。灌頂は真言寺院においてもっとも重要な儀式とされているから、灌頂堂のある三宝院は醍醐寺の灌頂院としての性格を持つことになった。

醍醐寺を代表する僧を座主《ざす》というが、座主のほとんどが三宝院の住職、なかでも醍醐天皇につながる源氏出身の僧がつとめるようになった。

七十四代座主は満済《まんさい》といい、実の父は藤原師冬《ふじわらのもろふゆ》だが、室町幕府三代将軍の足利義満《あしかがよしみつ》の猶子《ゆうし》(養子になった兄弟の子)として三宝院に入り、十八歳で座主になるというスピード出世をとげる。

五代将軍義量《よしかず》の夭折《ようせつ》のあと、義満の子で青蓮院《せいれんいん》の僧になっていた義円《ぎえん》を還俗《げんぞく》させて六代将軍に擁立した功績によって准三后《じゅさんごう》の高位についた。

准三后とは太皇太后、皇太后、皇后の三后の次に相当する位ということだ。これは三宝院門跡が准三后の位につく最初のケースになった。

将軍の義理の兄弟、しかも准三后の位とあっては満済が「黒衣の宰相《さいしょう》」といわれ、幕府政治を左右するようになるのも当然だ。

そもそも平安京は、桓武天皇が仏教からの独立をはかって奈良からの遷都を敢行した結果なのだが、六百年も過ぎた室町時代となったいま、醍醐寺が朝廷や幕府に強力に介入しても当然、といった状況になってしまった。皮肉なものだ。

●秀吉の〝醍醐の花見〟に隠された謎

始めは尾張《おわり》の貧乏百姓、終わりは太閤《たいこう》殿下――豊臣秀吉の波瀾万丈《はらんばんじょう》の一生のフィナーレは醍醐の花見であった。

死の予感におびえつつ秀吉が醍醐の花見を決行したのには、ふたつの理由がある。

まず、ここ醍醐寺では平安時代から盛大な「桜会《さくらえ》」が行なわれていた、ということ。

桜会とは春の仏事のひとつで、読経《どきよう》のあとで参加者一同が桜の花を愛《め》でつつ、宴をはるのである。奈良時代からはじまっていたもので、東大寺では法華堂の不《ふ》空羂索観音《くうけんじやく》の前で観桜会をひらくことになっていた。

醍醐寺の桜会は、はじめは「釈迦会《しやかえ》」といわれていたから「花祭り」と同類の行事であったのだろう。元永《げんえい》元年（一一一八）、定海《じようかい》座主のときに「清滝会《きよたきえ》」と改められた。上皇や法皇、有力者の参加が多く、歌や舞いの余興も派手なので、いつのまにか桜会といえば醍醐寺の会をいうようになった。

盛大な行事だけに費用も手間もかかり、戦乱時には停止せざるをえない。戦国時代には醍醐寺そのものが荒れていたので、秀吉は醍醐寺の復興をかねて桜会を復活させようとした。それが慶長《けいちよう》三年（一五九八）三月の〝醍醐の花見〟として実現したのである。

醍醐の桜会を復活するのは戦国の世に終止符を打つことにほかならない。秀吉が桜会を主催するのは、天下の覇者が自分であることの宣言でもあったわけだ。

秀吉はなぜ醍醐寺の花見をやったのか、もうひとつの理由は八十代座主義演《ぎえん》と

天暦５年(951)に完成した醍醐寺・五重塔

の関係であった。

秀吉は将軍になって幕府をひらこうと計画したが、将軍になる者は源氏の出身でなくてはならないという、きびしい条件があった。源氏の系図を捏造《ねつぞう》するのは、現実には不可能だった。そこで、狙《ねら》いを関白に変えた。

当時の関白は二条昭実《にじょうあきざね》で、左大臣もかねていた。二条昭実から譲られるかたちなら秀吉が関白になれる。ところが近衛信尹《このえのぶただ》も関白になりたくて、あっちこっちに工作をしていた。

で、秀吉はどうしたかというと、義演を動かして関白の地位をもぎとった。昭実は義演の実兄だったのである。

それまでにも秀吉は、義演の醍醐寺復興に協力していたが、今度の関白就任の裏工作で義演と秀吉の関係は決定的に密接になった。直後に義演が准三后になったのは裏工作の功績にたいする秀吉の恩返しだ。

花見の宴が実現される過程でも、さまざまな口実をつけて醍醐寺復興のための工事が行なわれている。それは秀吉と義演との協力関係の仕上げを意味していた。

一口に言えばそれは、景気刺激対策でもあった。

花見を計画する前、秀吉と京の奉行の前田玄以《まえだげんい》のあいだで、こういう問答があった。

「どうじゃな、京の商人どもは景気よくやっておるか、仕事にあぶれて困っておる者はないか？」

「ことのほかに繁盛しております。その証拠には、この春の花見遊山《ゆさん》は例年にうってかわって盛ん、野も山も人の波に埋まって肝腎の花も見えないありさま」

「いや、それはちがうな。繁盛している証拠ではない、衰微のしるしじゃ」

秀吉は説明した——多数の大名が京に集まっていれば仕事が多い。だから商人どもは仕事に追われて花見にも行けぬ。今年は大名に休暇をやって帰国させておるから、商人の仕事がない。仕方がないから花見に押しかけておるのじゃ。このままでは京が衰《おとろ》えてしまうぞ。いかんな、それでは——。

京の景気を刺激する目的で醍醐の花見が計画された、というのである。これはエピソードのたぐいであり、かならずしも事の真相を伝えてはいないが、結果からみれば、京都の景気が刺激されたのはまちがいない。

●数々の伝説に彩《いろど》られた寺

慶長二年（一五九七）三月八日、秀吉は急に思いたって醍醐の花見をした。これはいわゆる、翌年に行なわれた有名な醍醐の花見とはちがって、ふつうの花見である。五重塔の破壊された様子を見た秀吉は、修理費用として千五百石を提供した。このときすでに、来年の大掛かりな花見の計画が秀吉の頭に浮かんだのだろう。

翌年の二月九日、また秀吉は醍醐をおとずれ、花見の準備を視察した。「あそこには庵《いおり》を、ここには茶店を……」と、こまごまと指示して帰った。二月二十三日にも醍醐へ行き、あらためて千石を寄贈した。三月十五日の花見のために、傷んでいる箇所を早急に修復しておくべし、との条件づきで。

それより先に秀吉は、夫人の北政所《きたのまんどころ》を花見に誘う手紙を書き、その返事が正月十五日づけで書かれている。

「一筆申しあげ参《まい》らせ候《そうろう》。この春、醍醐の春にあい候えとの御おとずれ、こよなう御うれしく存じまいらせ候……局々《つぼね》もめしつれ候えのよし、積もりぬる鬱々《うつうつ》を醍醐の山の春風に散らし捨てんこと、おさおさしき恩風にてこそ候え」

正夫人の北政所だけではなく、淀君《よどぎみ》、松の丸、三の丸など愛妾《あいしょう》も招待していた。北政所を女たちの代表として処遇するのは、いつに変わらない秀吉の姿勢である。

さて、三月十五日、醍醐の花見の当日とはなった。

当時の秀吉は伏見《ふしみ》を居城にしていて、その伏見から醍醐までの道には、両側に埒《らち》（柵）がむすばれた。三宝院の外の五十町四方には三町ごとに番所が立てられ、武装兵士が警護に当たった。

秀頼《ひでより》や妻妾を連れた秀吉が乗り込み、まず三宝院では女性たちが衣装替えで美の競争をはじめる。

くねくねと長い散歩道のそこここには、秀吉の家来の幹部クラスが思いおもいの趣向をこらした茶屋をしつらえて、秀吉と秀頼の一行を待ちうける。

秀頼がいちばん喜んだのは池に浮かべた小舟だった。岩に当たると、人形の船頭が驚き慌てる手の込んだ仕掛けは、これが作りものとは思えない見事な出来だった。

御牧勘兵衛《みまきかんべえ》の茶屋では焼餅を売っていて、秀吉がちょいとひとつ、つまんで食う。

「お客さま、食い逃げはいけませんよ。どうかオアシを、どうか……」

店の女が腰にすがって代金をせがむのに困惑した顔で楽しむ秀吉だった。

「この秋の紅葉を楽しみに待っておるぞ」

そう言い残して伏見に帰ったが、三カ月もしないうちに発病し、「浪速《なにわ》のことは夢のまた夢」を辞世に、六十二年の生涯を閉じた。

5

なぜ〝八咫烏《やたがらす》〟伝説が生まれたのか

——鴨長明《かものちょうめい》を出した古代氏族・鴨《かも》氏、登場の謎

【この章に登場する主な史蹟】

●なぜ「上賀茂神社」「下鴨神社」なのか

ややっこしい話だが賀茂御祖《かもみおや》神社の通称は下鴨《しもがも》神社で、下「賀茂」神社とは書かない。賀茂別雷《かもわけいかずち》神社の通称は上賀茂《かみがも》神社であって、上「鴨」神社とは書かない。

京都といえばカモガワだが、上賀茂神社のあたりを流れているのは〝賀茂川〟で、下鴨神社の南のデルタで高野《たかの》川と合流してからは〝鴨川〟と変わる。「上賀茂神社」と行先を書いたバスが「下鴨神社」の停留所に停まっている。気にしなければ、どうってことはないが、いちど気になると頭が混乱してくる。混同させまいという強い意志が相互にあった結果の混同、そういったものではなかろうか。

平安時代になって、朝廷から伊勢神宮につぐ崇敬《すうけい》をうけるが、祭礼や奉幣《ほうへい》（神前に幣《ぬさ》を奉《たてまつ》ること）、行幸《ぎょうこう》などはいつも両社同日に行なわれるしきたりになっている。つまり朝廷としては両社をひとつのものとして扱ってきた。

文献としては「賀茂」のほうが多く使われているようだ。「賀茂の祭り」がふつうで「鴨の祭り」という字にお目にかかった記憶はない。

上賀茂神社を賀茂別雷神社といい、下鴨神社を賀茂御祖神社という。共通しているのは「賀茂」であって「鴨」ではないから、どっちかというと「賀茂」が本流で「鴨」が支流みたいな印象もうける。「賀茂」がデーンとかまえていて、それに対して「鴨」が歯をくいしばって挑戦している、といったようでもある。

しかし、あんまり文字にこだわってはいけない。「賀茂」にせよ「鴨」にせよ、その前提には「カモ」という氏族の意識があり、「カモ」氏の住む「カモ」という土地があったのだ。「カモ」が先で、それが「賀茂」になったり「鴨」になったりしていた、ということを理解しておきたい。

●八咫烏《やたがらす》伝説にからんだ氏族・鴨氏《かもし》

鴨（賀茂）氏は古代の京都の、いま賀茂といわれている区域に住んでいた氏族である。そのころの京都は「葛野《かどの》」といわれ、鴨氏のほかに出雲《いずも》・八坂《やさか》・秦《はた》・土師《はじ》・百済王《くだらのおう》・高麗《こま》などの氏族が住んでいた。

鴨氏は大和《やまと》からやってきた新しい氏族であったが、ほかの氏族を抑えつつ勢力

〝下鴨《しもがも》神社〟の通称で親しまれる賀茂御祖《かもみおや》神社

を拡大していったと思われる。

話は、神武《じんむ》天皇の東征にさかのぼる。

日向《ひゅうが》を出発した天皇の一行は、紀州の熊野《くまの》の山中で強敵に遭遇した。一時は天皇自身が気を失うほどに進退きわまったとき、天照大神《あまてらすおおみかみ》の夢のお告げがあり、高天原《たかまがはら》から道案内として派遣されたのが「八咫烏《やたがらす》」であった。八咫烏の案内によって神武天皇の一行は熊野の難所を切り抜け、吉野から大和の宇陀《うだ》へと出ることができた。

この八咫烏の末裔《まつえい》が、山城《やましろ》国の「葛野主殿 県主《かどののとのもりのあがたぬし》たちになっている」というのが『日本書紀』の説明である。

この葛野主殿県主たちとは、誰のことだろうか？

おなじころにできた『新撰姓氏録《しんせんしょうじろく》』に「鴨建耳津身命《かものたけつぬみのみこと》が大きな鳥に変身して神武天皇の道案内をした」という説明がある。この「大きな鳥」は八咫烏とおなじものとみられるから、葛野主殿県主たちのリーダーが鴨建耳津身命であった、ということになる。

つまり、神武天皇一行の大和入りで、空から道案内の大役を果たしたのが鴨氏の先祖である。鴨氏の先祖は人間ではなく、天上の高天原から派遣された神であって、烏《からす》や大きな鳥に変身して危険な場所から安全な場所に案内する能力を持っていた、ということになる。

『山城国風土記《やましろのくにふどき》・逸文』という文書でも、鴨氏の先祖は張り切って道案内の大役を果たしている。こちらでは「賀茂建角身命」という名前になっていて、神武天皇の「御前《みさき》」に立って大和の葛城山《かつらぎ》の頂上に連れていった、とされている。

賀茂建角身命というからには、この人はもちろん神であり、人間ではない。八咫烏であったとも、大きな鳥に変身したとも書いてない。が、鬱蒼《うっそう》たる原始林の熊野の山である、まさか地面を歩いて、「さあ、こちらへ」と案内したとは思えない。人間業《わざ》ではない、何か不思議な神業で案内役をつとめたにちがいない。

ここで鴨氏の先祖の特徴がはっきりした。案内役である。「さあ、こちらへ」という役が得意な神、その神の子の人間、それが鴨氏の先祖であり、鴨氏そのものなのだ。

●巨鳥だったという八咫烏

ところで、なぜ烏が道案内のシンボルとして登場してきたのか？

八咫烏の「八咫」とは「ヤ・アタ」の意味だ。「ヤ」は「八――多数」ということで、「アタ」は長さの単位、親指と中指をひらいたあいだの長さだ。なーんだ、それほど巨大な鳥ではないのではないかということになるが、じつを言うと『日本書紀』では「頭八咫烏」となっているのである。頭が八咫となるとこれは、アラビアやアフリカにいる駝鳥《だちょう》よりもっと大きい。

想像を絶して巨大であること、それが八咫烏の聖なる鳥である証拠だ。こんなにでかい鳥が舞い降りてきて、「さあ、こちらへ来れば安全です」と案内してくれれば、それだけでもう、「助かった!」という気分になるはずだ。

では、なぜカラスが聖なる鳥として尊敬と信頼を得ていたのか?

まずカラスは日本最大の鳴禽類《めいきんるい》である。色は真っ黒で、声はするどく、かつ威圧的。頭がいいらしく、人間に親しんでいるように見えるかとおもうと、軽蔑《けいべつ》しているようでもある。

これは馬鹿にしてはならないぞ、というのが古代日本人の共通認識になったわけだ。

馬鹿にできない鳥、それなら神の使いの鳥であるというわけで、つまりは棚上げの尊敬である。

〝上賀茂《かみがも》神社〟の通称で親しまれる賀茂《かも》別雷《わけいかずち》神社

神武天皇の一行が窮地におちいった熊野には「熊野牛王《くまのごおう》の誓紙」がある。重大なことの契約をするときは熊野牛王の誓紙をつかうのだが、この誓紙の裏には一面にデザイン化されたカラスが印刷してあって、一種の不気味さ、神秘感をともなうのである。

天皇一行が熊野で窮地におちいったのは、この地にたちこめる邪気のためである。熊野のカラスはこの邪気のシンボルとされていたとも考えられるし、とすれば、突然、宙から舞い降りた八咫烏は「アンチ邪気――正気」のシンボルであったのだろう。

しかし、シンボルということだけではカラスの存在感は浮かんでこない。じっさいに、ギャアギャアと鳴くカラスが必要だ、といえばもうおわかりのように、賀茂（鴨）にはたくさんのカラスが飛んでいたのだ。

上賀茂神社の北約二キロに、標高三〇一メートルの「神山《かみやま》」がある。山頂には巨岩が露出していて、いちばん大きい岩が神の降臨する磐座《いわくら》だとされている。さほど高い山ではないが、カラスにはもってこいの住処《すみか》にちがいない。

九月九日には上賀茂神社で「烏相撲」の神事が行なわれる。八咫烏の伝説にちなんだ神事だが、神山から飛んでくる本物のカラスが、「いったい何をやっているんだろう？」と首をかしげる仕組みになっているのが面白い。

下鴨神社にもカラスがいる。

下鴨神社は「糺《ただす》の森」のなかにある。この森にはわずかながら原生林もふくまれていて、樹木鬱蒼《うつそう》、カラスには住みやすいところだ。

●天皇の側近だった鴨氏の誇り

さて、われわれはまだ、鴨（賀茂）氏の先祖を大和の葛城山までしか追跡していない。

そこへいくと神話の展開はまことに猛スピードで、八咫烏の末裔《まつえい》つまり鴨氏は、山城の「葛野主殿県主ら」となったとして、現状を説明しているのである。

この現状とは『日本書紀』が編集されつつある時期のことだ。大和朝廷の政権が畿内やその周辺のひろい地域にわたって支配権をおよぼしたとき、鴨氏は「葛野主殿県主ら」になっていたのである。

葛野主殿県主らとは、「葛野《かどの》の県主《あがたぬし》であって、朝廷では主殿《とのもり》を職としている氏族」という意味だ。

まず主殿という職から片づけていく。

主殿は主殿司の省略で、内裏《だいり》の清掃・灯火・燃料などを管理する役職である。それほど格は高くないが、いつも天皇皇族の側《そば》にいて世話をする役職、というふうに拡大解釈してもいいようだ。

大臣クラスの勢力には、こういう役は任せられない。といって、氏《うじ》も素性もわからない氏族にはなおさら不適当だ。それほど強大ではなく、しかし無名ではないところを買われて天皇の側近で実務を果たす役職を与えられていた。これが鴨氏の実態であったろう。

鴨氏がなぜこういう役職を与えられたのか、それを説明するために伝説は「八咫烏の道案内」という話をつくったのである。

政策を左右するほど強い氏族ではないが、いざというときには天皇を危機から救う特別な能力を持っていること、それが鴨氏の誇りとして承認されたわけだ。

●古文書に記された「賀茂県主《あがたぬし》」と「鴨県主」

ではつぎに、葛野県主のことを考えよう。

山城国の葛野郡は、律令では愛宕《あたご》・乙訓《おとくに》・綴喜《つづき》などとともに山城国を構成する郡のひとつになっていた。しかし律令以前の葛野はもっと広い地域の地名であって、のちの愛宕や乙訓をも含んでいた。『日本書紀』がいう葛野とは、分割以前の広い葛野のことを指していると思われる。

県主というのは地方官の名称である。大和朝廷はつぎつぎと平定していった地域を「県」という行政区とし、有力な氏族を「県主」に任命していった。『日本書紀』は八咫烏の末裔、つまり賀茂建角身命の末裔は葛野の県主になっていたというのだが、別の記録で「鴨県主」という県主がいたことが知られている。

天平《てんぴょう》六年（七三四）の正倉院《しょうそういん》の記録なのだが、「年齢二十三、住所は山城国愛宕郡賀茂郷岡本の里の鴨県主黒人」という人や「鴨県主道長、山城国愛宕郡」といった人のいた事実がわかっているのである。「黒人」や「道長」は個人の人名にちがいない。「岡本の里」がいまの上賀茂岡本町だとすれば、これは上賀茂神社の近くだ。

これはいったい、どういうわけなのか？「賀茂郡」に「鴨県主」を名乗る氏族が住んでいたのである。

「葛野県主」と「鴨県主」が出てきたわけだが、こうなったら、ことのついでというものだ、「賀茂県主」はいなかったのかというと、ちゃんと実在したのである。天平六年の正倉院の記録より四十六年あとの『続日本紀《しょくにほんぎ》』にこういう記事がある。

「山背《やましろ》（山城）国、愛宕郡の人、正六位上の鴨禰宜《ねぎ》、真髪部津守《まかみべのつのもり》ら十人に『賀茂県主』の姓を与えた」

禰宜は神官であり、「鴨禰宜」というからには、この氏族が鴨（賀茂）神社の神官の職にあったのはまちがいない。そのことを重要だと判定した大和朝廷は、津守ら十人の鴨禰宜に「賀茂県主」という地方行政官の役職を与えたのだ。

はっきりした、ともいえるし、ますます厄介《やっかい》になってきたともいえる。

すこし辛抱して、整理してみよう。

「賀茂県主」と「鴨県主」とはおなじものだとみてよかろう。

「葛野県主」と「鴨県主」「賀茂県主」との関係が問題として残ってきた。

「ええと、それは、つまり……」

頭をひねっていると、われわれをますます混乱させる表現が出てきた。平安時代の初期に編集されたといわれる『先代旧事本紀《くじほんぎ》』という本に、なんとまア、

「葛野鴨県主」という氏族がいたと書いてあるのだ。

手がつけられない、といった感じだが、ここらでひとやすみ、遠回りして美女の伝説を読んでみる。

●〝糺《ただす》の森《もり》〟の美女伝説

下鴨神社は〝糺の森〟のなかにあり、むかしは森の中を「瀬見《せみ》の小川」が流れていた。賀茂川の支流であったのだろう。

賀茂建角身命の娘に「玉依日女《たまよりひめ》」という少女がいた。玉依日女がある日、瀬見の小川で遊んでいると、川上から丹塗《に》りの矢が流れてきた。矢を拾って寝床の横に置き、一晩あけると彼女は妊娠していて、やがて男の子を産んだ。

父親は誰か？

祖父の賀茂建角身命は大きな家を建て、たくさんの戸をすべて閉じ、たくさんの酒をつくってありったけの瓶に入れた。七日七夜の宴のあと、孫に向かってこう言った。

「この酒を、父と思う人に飲ませなさい」

杯《さかずき》を取った男の子は、こう答えた。

「この酒は天に捧げます」

そうして彼は、屋根をやぶって天にのぼっていった。

男の子の父親は雷《いかずち》の神だったことがわかり、祖父の名とあわせて「賀茂別《かものわけ》雷命《いかずちのみこと》」と名づけられた。瀬見の小川に流れてきた丹塗りの矢は、乙訓郡の社《やしろ》の祭神の「火雷神《ほのいかずちのかみ》」であった。

伝説はテーマによっていろいろのタイプに分類できる。この玉依日女伝説のテーマは「神の増殖」である。そしてもうひとつ、「神の性格づけ」のテーマも持っている。

大和から山城への鴨氏の移住は『山城国風土記・逸文』が書き遺《のこ》しているとおりのルートであったろう。

「大和の葛城山から山城国の岡田の賀茂に到着し、そこから木津《きづ》川に沿って北へ下り、桂《かつら》川と賀茂川との合流点に着いた。(賀茂建角身命は)賀茂川の上流を遠望して、『ちいさい川ではあるが、石川の清川である』と言った。ゆえにこの川は『石川の瀬見の小川』と名づけられた。その瀬見の小川をさかのぼって久我《くが》の国

玉依日女《たまよりひめ》伝説に彩《いろど》られた〝糺《ただす》の森《もり》〟
（下鴨神社は、この森の最奥にある）

の北の山の麓《ふもと》に定着した。その土地は『賀茂』といわれるようになった」

「山城国の岡田の賀茂」とは、いまの京都府木津川市加茂町北鴨村のことだ。ここには「岡田鴨神社」があり、ふるくから「鴨」という地名があったし、このあたりではむかし木津川を鴨川と呼んでいたことがはっきりしている。しばらくのあいだ鴨氏は、ここに生活の根を張ったのだろう。鴨神社や鴨の地名が残っているのが、何よりの証拠だ。

桂川と賀茂川の合流地点はいまの淀《よど》だが、川を越えて西側の乙訓《おとくに》に生活の根を下ろしたにちがいない。その跡が、いま長岡《ながおか》京にある「角宮《すみのみや》神社」となった。角宮神社の祭神は建角身命であり、この地は火雷《ほのいかずち》神社の跡地であると伝えられている。

●なぜ〝丹《に》塗りの矢〟だったのか

さて、ここで玉依日女の伝説の重要さが急浮上してくるのである。

鴨氏は乙訓まで移住してきたが、全員そろっての移住ではないだろう。一部を残し、本隊はまた移住していくというものだったろう。

しかし、ここからは移住ではなくて「増殖」の経過をたどったことが想像される。「移住」から「増殖」への転換を強調するための玉依日女伝説である、と言いたい衝動さえ感じる。

移住ではなくて増殖だからこそ、「飛び道具」としての丹塗りの矢を飛ばさなくてはならなかった。

増殖は拡大である。

鴨氏は急速に勢力を拡大していった。賀茂の地のいちばん奥まったところに社をかまえ、その南端の地、つまり賀茂川と高野川との合流点の糺《ただす》の森にも社《やしろ》をかまえた。

ここまで考えてはじめて、「葛野県主」と「鴨—賀茂県主」との関係が理解されてくるのではないか。

鴨氏がはじめて葛野県主になったころ、その葛野県は弱小な行政地域だった。弱小県だからこそ新来の鴨氏が県主になれた、とも解釈できる。

しかし鴨氏は勢力拡大をつづけ、葛野の政治地図を塗りかえたようだ。鴨氏の存在は自他ともに強烈に意識され、葛野の一部の賀茂の領主にすぎないのに、あたかも葛野全体を領有しているかのように思われるまでになった。それが「葛野鴨県主」という、われわれには奇妙きわまる表現になったにちがいない。

玉依日女の伝説は、鴨（賀茂）の神の性格が「火と水」の神であったことを物語る。

雷の第一印象はまず火であり、轟音《ごうおん》や落雷、感電死といった恐怖の原因となる。

その次に雷は降雨を調節する天の意志のシンボルとして畏敬《いけい》された。適当に雨を降らせてくれるのはありがたいが、降らせすぎたり、まったく降らせてくれないときには災害の源として恨《うら》まなければならない。いずれにせよ人間は雷を畏敬せざるをえないのだ。

玉依日女が丹塗りの矢を拾ったのが川であったのは、伝説における「水」の強調である。この話を、賀茂建角身命の一行が川づたいに賀茂にやってきた話が補強して、「水」の意味をいっそう重いものにしている。

火と水――鴨氏が農耕を主として勢力を拡大した歴史のシンボルだ。

●古代鴨氏の末裔だった鴨長明《かものちようめい》

まったく俗っぽいことだが、上賀茂神社と下鴨神社と、どっちがポピュラーか？

朝廷は両社をひとつの社として扱ってきたのだから、こんな質問には意味もなんにもない——とわかってはいるが、いまの京都人でさえ、「賀茂御祖神社」といわれても何のことかわからなくなっているはずだから、まったくの無意味とはいえなかろう。

わたしの感じでは、上賀茂神社のほうがポピュラーだと思う。下鴨神社で修学旅行生の姿を見ることはあんまりないし、これはわたし自身のかぎられた範囲だが、「下鴨神社の近くに住んでいる」という友人知人より、「上賀茂神社のそばにいるよ」という人のほうが多数である。

認識の相違なのだと思う。

上賀茂神社のあたりには、神社のほかにはこれといったものがない。ない、というと語弊があるが、神社の存在感がほかのものを圧倒して強いのだ。だから、

「上賀茂神社のそばにいる」と感じている人の数が多くなってくるのだろう。

下鴨神社のあたりでは、そうはいかない。

糺の森のなかにひっそりと隠れているようで、とにかく人目につかない。その森そのものを眺める位置にある賀茂大橋のほうがずっと印象が強い。

決定的なのは、市中からの距離だ。

下鴨神社なら、内裏《だいり》からでも花の御所からでも、ちょいと足を伸ばせば行ける、日常の暮らしの範囲だった。

上賀茂神社となると、そうはいかない。計画をたてて構えなければならない。それが上賀茂神社をより強く意識させた原因にちがいない。

そういうわけで、下鴨神社にしぼって、その後の歴史をみていく。

『方丈記《ほうじようき》』の作者として有名な鴨長明《かものちようめい》（ながあきら）は古代鴨氏の末裔だったと思われる。父の長継《ながつぐ》は河合《かわい》神社の正禰宜《ねぎ》の職をつとめていた。河合神社は、下鴨神社の摂社《せつしや》（本社の祭神と縁の深い神を祀る神社）のうち第一の位にあり、賀茂川と高野川との合流点にあることから「河合」の名がついたといわれる。

二条《にじよう》天皇の中宮《ちゆうぐう》、高松女院《たかまつによいん》の北面の武士をつとめていたが、父の没後に辞職

鴨長明《かものちようめい》の父が禰宜《ねぎ》だった〝河合《かわい》神社〟

し、和歌の道に専念した。『千載《せんざい》和歌集』に一首、『新古今和歌集』に十首の歌が採用されているから、長明はまず歌人として名をあげたのである。

しかし、長明の念願は父の跡をついで河合神社の禰宜になることだった。鴨氏の家に生まれた者としては当然の念願だ。

後鳥羽《ごとば》上皇の御歌所の寄人《よりゅうど》になったのを機会に、上皇の推薦を得て河合神社の禰宜になろうとした。この上はない推薦をうけてのことだから、就任はまちがいないと思われたのに、同族で賀茂社の総官をしている鴨祐兼《すけかね》から横槍が入った。

「賀茂社に奉仕してきた時間が短い、ゆえに基礎資格に欠ける」

能力や意欲ならともかく、経歴を批判されてはお手上げだ。もっと早く北面の武士を辞職しておけばよかったと反省しても、もはや手遅れだ。

じつを言うと、鴨祐兼の反対の裏には、長男の祐頼《すけより》を河合神社の禰宜にしたい計画があった。長明の経歴に問題がなかったとしても別の反対理由が持ち出され、結局は実現しなかったろう。

「賀茂の御神慮が下った、禰宜は祐頼である！」

祐兼が宣告を下すと同時に長明はすべてをあきらめ、洛北《らくほく》の大原《おおはら》に隠棲してしまう。長明は四十九歳であった。

それから長明の放浪がはじまる。引っ越しするたびに家は狭くなっていき、郊外の日野《ひの》（伏見区日野船尾）の外山《とやま》の麓にむすんだのが、わずか一丈四方の、組み立てて運べる草庵だった。

名作『方丈記』はこの方丈で書かれるのだから、長明自身にはともかく、日本の文学史では長明の禰宜就職失敗は忘れられない事件となった。

その後、鎌倉に下って将軍源実朝《みなもとのさねとも》の和歌の師になろうとしたこともあるが、これも実現しなかった。堅い勤めには向いていない運命ということらしい。

●人々の娯楽に使われてきた下鴨神社

糺《ただす》の森の南につくられた中洲《なかす》は「糺の河原」と呼ばれ、南北朝の乱のときには戦場となったし、猿楽《さるがく》が興行されたこともある。なかでも寛正《かんしょう》五年（一四六四）四月に、将軍足利義政《あしかがよしまさ》が鞍馬《くらま》寺修造費調達の名目でひらいた勧進《かんじん》猿楽は盛大なものだった。

舞台を囲んで大桟敷《さじき》がつくられ、将軍義政と夫人の日野富子《ひのとみこ》をはじめ公家《くげ》と大名がつめかけた。「近来の壮観」と評した者さえあったが、それこそ嵐の予告にほかならない。応仁《おうにん》の大乱が背後に迫っていたのである。

江戸時代、糺の森は夏の納涼の場所として市民に親しまれた。瀬見の小川の岸には団子やトコロテン、瓜《うり》などを売る店が立ち並び、市民は思いおもいのところに席を占めて夏の夜の一時《ひととき》を過ごした。

いまは鴨川の納涼というと、三条から四条のあいだの河原に料亭が張り出す床《ゆか》が連想されるだけだ。床の下の、もっと水に近いところでは若いカップルが完璧な等間隔で席をとって語り、それを四条大橋の上からながめる群衆もまた新しい京都の夏の風物詩として定着した。

わたしは下鴨神社の境内《けいだい》で唐十郎《からじゅうろう》のテント劇場のドラマを観たことがある。主役の男女が参道を走って舞台に飛び込んでくるオープニングが印象に残っている。

神社の境内で芝居などとは不謹慎きわまる、と怒る人もいるだろうが、義政の勧進猿楽の例でわかるように、神社の境内とは、もともとそういうことに使われるのが自然だった。

中洲の首をちょんぎる形で道路ができたのはなんとも風流心に欠ける都市計画

美しい賀茂《かも》川(写真)は、高野《たかの》川と合流して鴨《かも》川に…

というものだが、その道路のすぐ北に建っているのは「目玉の松ちゃん」こと尾《お》上《の》松之助《えまつのすけ》の銅像だ。

サイレント時代の映画スター、「目玉の松ちゃん」は英雄豪傑の立ち回りもの、忍者ものなど、大衆にアピールする時代劇映画に出演し、ちょうど千本目の記念作品「荒木又右衛門《あらきまたえもん》」「忠臣蔵」を最後に急逝した。

全盛期の出演料は巨額のものだったが、松ちゃんはそれを、貧しい人々のために惜しむことなく使った。銅像はその社会福祉活動を賞して建てられたものだが、映画ファンに夢を与えた功績の賞賛も含まれていると考えたい。

下鴨神社の中洲は、いつも大衆の娯楽と慰安に使われた。下鴨神社の歴史にはそういう時代もあったのだと、過去のことに限定してしまうのは惜しい。

映画スター、尾上松之助には社会福祉活動でも数々の功績が

6

なぜ〝一休《いっきゅう》和尚《おしょう》〟の伝説が生まれたか

——〝五山十刹《ござんじっせつ》〟の地位から落ちた大徳寺《だいとくじ》の謎

【この章に登場する主な史蹟】

●禅寺の格づけ——五山《ござん》・十刹《じっせつ》・諸山《しょざん》とは何か

臨済宗《りんざいしゅう》の諸本山のなかでも、大徳寺《だいとくじ》はいろいろと話題の豊富な寺である。

短い期間だが、一休和尚《いっきゅうおしょう》が住持をしていたし、豊臣秀吉《とよとみひでよし》は織田信長《おだのぶなが》の葬儀を大徳寺で行なって後継者の地位を確保した。千利休《せんのりきゅう》は、大徳寺の三門《さんもん》に自分の寿像を安置し、どうやらそのことが原因のひとつになって秀吉から切腹を命令された。

茶道（抹茶）の家元が大規模な茶会をひらくとき、たいていは大徳寺が会場になる。言うまでもなく利休に関連してのことだが、客たちは利休を回顧しつつ、やがて秀吉や信長の話題に遡《さかのぼ》っていくことだろう。

ほかの臨済宗本山に話題が少ないというのではないが、大徳寺ほどではない印象が強い。

なぜなんだろう？

個性を強烈にアピールしたこと、別の言葉で言うと、「これが本来の禅宗なんだ」という姿勢を堅持したこと、ここに原因があるようだ。

「五山十刹」という言葉をご存じだろう。鎌倉や室町の幕府が、臨済宗の本山につけたランキングのことで、中国の南宗《なんそう》の官寺制度をモデルにしたものだ。

そもそもの始まりは鎌倉幕府の執権《しっけん》の北条貞時《ほうじょうさだとき》で、鎌倉の浄智寺《じょうちじ》を五山に列したのが最初。その後、京都の臨済宗寺院のうちから五山が指定され、室町時代の中ごろには〝京都五山〟が〝鎌倉五山〟の上位に立つしきたりになった。

五山の下に十刹が並び、その五山十刹の下に「諸山《しょざん》」がある。そのほか大勢のランキングではあるが、これも一応は官寺の資格を持つ禅寺だ。

五山十刹の寺の住持任命権は最終的には将軍が握っていて、そこにまた重みと誇りがある。大名や権門《けんもん》貴族たちは争うように寺領を寄進し、伽藍《がらん》を建築した。それが将軍の機嫌をとりむすぶことにつながるのだ。

はじめは五山の第一位の地位にいた大徳寺だが、室町時代の初期には十刹の第九番目に下がっていた。しかも永享《えいきょう》三年（一四三一）には十刹の列からも外《はず》れて、「林下《りんげ》」という在野の寺になった。追い出されたのではなくて、みずからの選択の結果であった。

大徳寺が個性を強烈にアピールするのは、まさにこの時からである。

だが、なぜ大徳寺は有利な官寺の地位からはみ出してしまったのだろう？

千《せんの》利《り》休《きゅう》切腹の原因となった〝大徳寺《だいとくじ》・三門《さんもん》〟

●足利尊氏《あしかがたかうじ》が建立した天龍寺《てんりゅうじ》

本格的な禅宗を日本に伝えたのは、明庵栄西《みんなんえいさい》である。二回目の南宗留学から帰った栄西は、建久《けんきゅう》六年（一一九五）九州の博多《はかた》に聖福寺《しょうふくじ》を建てる。これが日本で最初の禅宗（臨済）寺院となった。

正治《しょうじ》二年（一二〇〇）には鎌倉に行き、源頼朝《みなもとのよりとも》の未亡人北条政子《ほうじょうまさこ》の発願《ほつがん》によって寿福寺《じゅふくじ》を建てた。そして建仁《けんにん》二年（一二〇二）に源頼家《よりいえ》から寄進された京都の地に建仁寺《けんにんじ》を建てた。これが京都最初の禅宗寺院になるわけだが、他宗派からの圧迫が強かったので、天台《てんだい》・真言《しんごん》・禅の三宗兼修の寺として出発した。

北条政子や源頼家といった人の名からも想像されるように、日本の禅はまず幕府の支援を受けて広まり、しだいに武士一般の信仰を集めて広まっていく。

武士がはじめて自分たちの宗教を持った、それが禅であると言ってもいい。室町幕府が全力を挙げて禅を保護したのには、そういう意味があった。

足利尊氏《あしかがたかうじ》が後醍醐《ごだいご》天皇の建武政府を倒して室町幕府を建てたとき、京都の禅宗寺院は恐怖におののいた。尊氏がさほど禅宗に興味を持たないのは周知のことだったし、それに反して後醍醐天皇は禅を深く信仰し、夢窓疎石《むそうそせき》に帰依《きえ》して嵯峨《さが》に臨川寺《りんせんじ》を建立《こんりゅう》したほどであった。

こういう関係があるから、後醍醐天皇を倒した尊氏は禅宗を圧迫するにちがいないと恐れられたのも当然だ。

ところが案に相違して尊氏は、幕府を樹立した直後に夢窓を招き、師弟の礼をとったのである。これは幕府の宗教政策が、夢窓を中心とする臨済宗に重点をおいて展開されることを予告した。

尊氏はすぐれた政治家だ。武士一般がいちばん深く信仰しているのは禅宗であることを的確に把握し、禅宗中心の政策が武士に支持されると判断したのだ。

「このたびの戦乱では多くの命が失われております。彼らの霊をなぐさめる必要がありましょう」

「おお、それはわれわれも考えていたところじゃ」

「国々にひとつずつ安国寺《あんこくじ》と利生塔《りしょうとう》を建立なさるのがよろしいかと……」

夢窓の提案は受け入れられ、諸国に安国寺と利生塔が建てられた。もちろん安国寺は禅宗の寺である。禅宗が武士から武士以外の階層に広まるうえで、各国にひとつずつの安国寺がどんなに大きな役割を果したか、計り知れないものがある。

後醍醐天皇が亡くなったとき、尊氏は深い哀しみに襲われた。天皇の政策には真っ向から反対した尊氏だが、天皇個人については深く尊敬するところがあったのだ。

尊氏の懊悩《おうのう》を知った夢窓は、後醍醐天皇の菩提《ぼだい》を弔《とむら》う新しい禅寺の建立を勧めた。そうして建てられたのが、嵯峨の天龍寺《てんりゅうじ》である。

●なぜ南禅寺《なんぜんじ》は〝五山《ござん》〟の上に格づけされたのか

将軍は禅寺を建て、大名はその禅寺のなかに争うようにして塔頭《たっちゅう》を建てる——それが室町時代の京都だった。

これは単なる将軍個人の信仰の問題ではない。新しい禅寺ができれば領地の寄進ということが起こり、建設工事をめぐっての利権問題も起こり、巨額のカネが動く。

その巨額のカネは幕府の政策の結果として動くわけだから、禅寺や塔頭の建設は幕府の政策そのものだといえる。典型的な「祭政一致」によって、室町時代の禅寺は成長してゆく。

さて、三代将軍の足利義満《よしみつ》は、祖父に負けじとばかりに張り切って相国寺《しょうこくじ》を建てた。花の御所につづく、東は賀茂川、西は烏丸《からすま》通、南は今出川《いまでがわ》、北は上御霊《かみごりょう》神社で囲まれた広大な地が相国寺の敷地に指定され、貴族の別邸や民家はすべて退去を命じられた。

どんなに広大な敷地であったか、地図で見れば驚嘆せざるをえない。相国寺は現在でも相当に広いが、これに同志社《どうししゃ》大学など大規模な建物、鴨川寄りの民家群や寺町を含めたのが当時の敷地だった。

完成二年目に全焼するが、義満はひるまずに、ただちに再建工事に着手した。再建された相国寺には高さ七十メートル余の七重の塔が屹立《きつりつ》し、花の御所を見下ろしていた。この七重の塔も落雷で焼け落ちてしまうのだが。

この相国寺の完成にともなって義満が定めた制度、それが「五山・十刹・諸山」のランキングで、室町時代を通じてほぼ不動のものとなる。

南禅寺《なんぜんじ》は、別格として五山の上に格づけされた。五山の順序は天龍寺・相国寺・建仁寺・東福寺《とうふくじ》・万寿寺《まんじゅじ》である。その下の十刹は等持院《とうじいん》・臨川寺・真如寺《しんにょじ》・安国寺・宝幢寺《ほうどうじ》・普門寺《ふもんじ》・広覚寺《こうかくじ》・妙光寺・大徳寺・龍翔寺《りゅうしょうじ》の順。

では、なぜ南禅寺が五山の上の別格に格づけされたのか。

亀山《かめやま》法皇の帰依《きえ》が深かったことや、中国の台州《たいしゅう》から来日した一山一寧《いっさんいちねい》によって兼修禅から純粋禅への方向を決定づけられたのが理由である。

それまで日本の禅宗では、既成宗派との軋轢《あつれき》を避《さ》ける意味もあって、内面ではともかく表向きには天台・真言などとの兼修を標榜《ひょうぼう》していた。中国の禅の現実の姿がわかってくるにつれ、兼修禅には満足しない動きが起こってきた。南禅寺二世の規菴《きあん》は、純粋禅としての独立を模索しはじめた。その動きが来日僧の一山一寧によって完成したのである。

一山一寧の指導をうけて純粋禅を究《きわ》めた僧は多い。なかでも高峰顕日《こうほうけんにち》・虎関師《こかんし》錬《れん》・雪村友梅《せっそんゆうばい》・夢窓疎石といった僧たちは、その後の日本禅宗の在《あ》り方を決定づけたと言っていいほどの活躍をみせる。

そういうことから後醍醐天皇は、南禅寺を五山の第一に置いた。

そのあとで足利尊氏が天龍寺をつくった。幕府としては天龍寺を五山の第一に置きたいのだが、そうすると南禅寺を第二に下げなくてはならず、それはありえないことだというので五山のその上の別格に位置づけたわけだ。

後醍醐《ごだいご》天皇が建立した〝臨川寺《りんせんじ》〟

足利尊氏《あしかがたかうじ》が建立した〝天龍寺《てんりゅうじ》〟

●臨済寺院内に築かれた権力機構

さて、五山派すべての禅宗寺院を統率する「僧録司《そうろくし》」という役職があった。これも足利義満が定めたものである。

初代の僧録司には、義満が深く帰依し、相国寺の開基となった春屋妙葩《しゅんおくみょうは》が就任した。春屋のあとは絶海中津《ぜっかいちゅうしん》・瑞渓周鳳《ずいけいしゅうほう》など、夢窓門下の名僧が僧録司になった。

義満の晩年になると、僧録司の人事に慣例が生まれてきた。義満の牌所《はいしょ》（位牌《いはい》を安置している寺院）は相国寺の塔頭の鹿苑院《ろくおんいん》と決まっていて、この鹿苑院の院主《いんず》が僧録司に就任するという慣例になったのである。副僧録司には鹿苑院のなかの蔭涼軒《いんりようけん》の軒主《けんしゅ》がつくという慣例もできた。

僧録司は全国の臨済寺院を統率する、ものすごく強力な権力機関だ。それを相国寺の鹿苑院が世襲することになったので、「鹿苑僧録」という言葉が生まれた。五山の第一は天龍寺だが、全国の臨済寺院におよぼす権力は相国寺の鹿苑院に集中することになった。

禅院の住持人事、寺領の経営など、すべてのことは僧録司を通じなければ何ひとつ決定できない。

僧録司の絶対的な権力に対しては、「それでよし」とする姿勢と、「これではたまらん、自由になりたい」という姿勢とに分かれてくるにちがいない。

大徳寺は、どういう姿勢をとったか？

●派閥抗争から生まれた大徳寺の凋落《ちょうらく》

大徳寺は紫野《むらさきの》にある。

平安京のまわりには「七野《しちの》」と呼ばれる七つの野原があって、そのひとつが紫野である。皇族や貴族がしばしば狩猟や若菜摘《つ》みを楽しんだところだ。

淳和《じゅんな》天皇（在位八二三―三三）のころに離宮がつくられ、「紫野院」と呼ばれた。まもなく「雲林亭《うりんてい》」と改称され、仁明《にんみょう》天皇の皇子の常康親王《つねやすしんのう》に贈られたが、親王の出家にともなって寺院となり、「雲林院《うりんいん》」と呼ばれた。

雲林院は天台宗の寺として栄え、常康親王亡きあとも菩提講が行なわれたりして寺院の機能を果たしていたようだが、それもいつしか廃《すた》れた。

正和《しょうわ》四年（一三一五）というと、鎌倉幕府の権力に翳《かげ》りが見えてきたころだが、東山《ひがしやま》の雲居寺《うんごじ》に宗峰妙超《しゅうほうみょうちょう》という禅僧が隠棲していた。

宗峰は播磨《はりま》の出身で、鎌倉の万寿寺で禅を学び、さらに南浦紹明《なんぽしょうみょう》に参じてその法を嗣《つ》いだが、南浦の没後は、雲居寺に住んで世に出なかった。

しかし花園《はなぞの》天皇が宗峰に深く帰依していたのと、おなじ播磨の守護の赤松則村《あかまつのりむら》の姉が宗峰の母だった関係から、ふたたび世に引き出された。こうして大徳寺が創建されたのである。

花園天皇につづいて後醍醐天皇もまた宗峰に深く帰依したから、大徳寺は急速に発展した。宗峰が「興禅大燈国師《こうぜんだいとうこくし》」の称号を受けるとともに大徳寺は、京都五山の第一に格づけされた。

後醍醐天皇は鎌倉幕府打倒を試みる。遠く隠岐《おき》に流される不運にもめげず、ついに幕府を倒して朝廷の権力を回復した。

思えばこのころが大徳寺の全盛期だった。

後醍醐天皇の政策に不満をいだいた足利尊氏は反旗をひるがえし、朝廷政府を倒して室町幕府を樹立した。

尊氏は夢窓疎石に深く帰依して、政策顧問格として遇する。そこまではいいと

「五山《ござん》」の上に格付けされた〝南禅寺《なんぜんじ》〟

強大な権力を保持していた〝相国寺《しょうこくじ》〟

して、夢窓派と宗峰派とは臨済宗における二大門派として激しく対立していた。これが問題なのである。

宗峰妙超の師の南浦紹明は「円通大応国師《えんつうだいおうこくし》」の国師号をおくられている。そして宗峰妙超自身は「興禅大燈国師《こうぜんだいとうこくし》」、宗峰と兄弟弟子で妙心寺の開基となった関《かん》山慧玄《ざんえげん》、この三人は権力に媚《こ》びない禅の姿勢を貫徹しようとしたので、いつしか三人とこれにつながる門派のことを「応《おう》・燈《とう》・関《かん》の法脈」と言うようになった。「応・燈・関の法脈」の言葉のなかに、すでに夢窓派への対抗意識が表われているのだ。

一方で夢窓派は、尊氏の天龍寺、義満の相国寺という権力密着の二大寺院を擁しているし、その相国寺の鹿苑院は禅宗のすべてを牛耳《ぎゆうじ》る僧録司の役職を世襲する権利を握っている。

大徳寺の凋落《ちようらく》は、当然の次第であった。

室町幕府が五山十刹の制度を改めたとき、あっさりと十刹のうちの第九位に突き落とされたのだ。相撲《すもう》の番付で言うと、あとがない。

どうするのか?

●本来の〝禅〟を忘れた五山十刹の寺々

ここで、「禅とは何か？」という問題を考えてみよう。むずかしい問題、手をつけたくない問題だが、最小限必要なところは確認しておいたほうがいい。平田《ひらた》精耕《せいこう》さんの著書『禅がよくわかる本』から二、三のポイントを借りる。

「禅とは何かをひと言でいうと、自分の心の本当の姿に目覚めることです。そのために座禅という行《ぎょう》を行なうのです」

「精神集中をして定まった世界に行くという意味で、中国に『禅定《ぜんじょう》』という言葉が生まれました。この禅定を中心にしている仏教の一派を、『禅宗』と呼んでいます」

幕府や将軍との関係をどうするとか、寺の維持をどうするとか、五山十刹のランキングを争って苦労するとか、そんなことは禅にとっては何の意味もない。「自分の心の本当の姿に目覚めよう」と努力する人がいれば、そこで禅がはじまる。励まし、指導する師は必要だが、といってそれは禅寺という環境を必要不可欠とするものではない。

だが、じっさいの禅の歴史はどうだったかというと、「自分の心の本当の姿に目覚める」ことより、禅寺という環境のほうに重点が置かれてきた。「伽藍《がらん》仏教」であり、「法会《ほうえ》仏法」と言われる方向に傾いていた。文学のジャンルではいわゆる「五山《ござん》文学」の花を咲かせたし、茶道のシステムも禅寺のなかで根づいた。

しかし、「自分の心の本当の姿に目覚める」ことから見れば、そんなことは枝葉末節にすぎない。枝葉末節にすぎないと分かっている僧がいないわけではなかったが、それよりは寺院の経営、五山十刹のランキング上昇という日常の仕事に忙殺され、言い出せないでいた。

こうなったら、有効なことはただひとつ、「ショック療法」しかない。寺院の外から一発ガツーンとやってくるショックを利用するかたちで、思いきった転換を試みる。

そうとは知らず、大徳寺へショックを与えたのは、ほかならぬ幕府自身である。

五山十刹の一位から十四位への降下！

「情けない！」

そういって嘆《なげ》く僧もあったろうが、

「いや、これでよいのじゃ。これを機会に禅本来の姿にもどろう」

こういう姿勢をとる僧のほうが多かったのである。

「五山十刹のランキングから離れよう」という方針が決議されたが、さて、この先がむずかしい。禅宗だけではなく、宗教というもののすべてを統括したい衝動に駆られている幕府だから、「さようか、お好きなように」と簡単に認めてくれるかどうか？

大徳寺は智恵を発揮した。

「われらの大徳寺は開基の宗峰妙超が門下の修行所として発足させたもの、れっきとした禅寺とは言えないのです。そのうえ、いまの五山十刹制度のもとでは十《じっ》方住持制《ぽうじゆうじせい》が建て前となっており、これに従うのは門葉相承《もんにようそうじよう》を重んじた開基宗峰の意志に背《そむ》くことになります。それゆえに……」

禅寺としての性格が違うから、もともと五山十刹に入れてもらう資格はなかったのですと、歴史上の性格を口実にして十刹寺の格を放棄したのであった。

十方住持制とは、門派にとらわれず人材優先で住持に任命するシステムである。中国の禅宗では十方住持制が普通で、鎌倉幕府も五山の禅寺にこの制度を採るように強制した。この制度の禅寺を「十方刹《じっぽうせつ》」という。

それに対し、特定の門葉（師弟の人脈）のなかで住持を継承していくのを門葉相承といい、その寺を「度弟院《つちえん》」といった。

たとえ歴史上の性格を口実にしていても、大徳寺の願いは要するに「自由になりたい」ということだ。

室町幕府が許可するか、どうか？

幕府のなかで論議になったはずだが、結果オーライになった。大徳寺は五山十刹から脱却し、在野の禅寺になったのである。こういう禅寺は「林下《りんか》」と呼ばれる。永享三年（一四三一）のことだった。

●〝一休《いっきゅう》さん〟の伝説が生まれた理由

在野の寺になった大徳寺には、ひたすら座禅に徹底する臨済禅の本来の姿が復活した。五山禅林の、権力に寄り添った姿に批判的な禅僧はほかにもたくさんいて、そういう僧が、われもわれもと大徳寺に集まってきた。

一休宗純《そうじゅん》が大徳寺の四十七代住持になったのは文明《ぶんめい》六年（一四七四）、すでに八十一歳の高齢になっていた。

当時の大徳寺は、応仁《おうにん》の乱の兵火のために荒れ果てていた。一休は堺《さかい》の商人の弟子の尾和四郎左衛門《おわしろうざえもん》（法号は宗臨《そうりん》）や、淡路屋寿源《あわじやじゅげん》らの資金援助を得て、ついに復興に成功した。

一休自身は商業を嫌っていた。とくに堺の商人の、カネになるとみたら何でもやる姿勢には批判的で、「堺の衆に絶交」と題する偈《げ》（教理を詩の形で述べる）をつくっているほどだ。

それなのに、なぜ、堺の商人たちは一休への資金援助を惜しまなかったのか？

「必要なカネは欲しい。だが、カネは嫌いだ、商人も嫌いだ」

そう断言してはばからない率直さが、逆に商人の帰依《きえ》をかちとったのである。

大徳寺や一休自身が高い権威を持てば、カネは向こうからやってくる。だがそれでは、みずから在野の禅院となった大徳寺の自己否定になる。

カネは必要である、だから「カネが欲しい、カネをくれ」と言う。しかしカネは嫌いである。だから「カネは嫌い、商人も嫌い」という態度、これに似合うのは「率直」よりむしろ「荘厳」であろう。

一休が大徳寺の住持だったのは数年間にすぎないし、大徳寺に住んだこともない。それなのに禅宗の歴史でもっともポピュラーな禅僧になっているのは「一休さんの頓智《とんち》ばなし」の影響である。

江戸時代初期に出た『一休ばなし』という本が元になって、さまざまなバリエーションがつくられた。だから史実の裏付けはほとんどない。

では、根も葉もない、まったくの作り話かというと、そうではないのである。一休の言動に接した人たちの記憶が次々に語り伝えられていき、そこへ頓智ばなしが登場する。

すると——。

「フウム。いかにも一休さんの子供時代は、こんなふうであったのだろう」

「というと……?」

「わたしが聞いた話だが、あるとき一休さんは……」

という具合で、頓智ばなしと伝説とがつながってきたのである。世俗や虚構への飽《あ》くことのない反発——これが接点だ。

在野の自由を誇る大徳寺でも、堕落は避けられない。たとえば女の問題であり、カネであり、肉食だ。そういうことについて禅寺では厳しい戒律を定めてい

清新な茶道の舞台となった大徳寺境内

るのだが、現実には表と裏とを使い分ける風習が濃厚になってきた。
一休はそれを批判するだけではなく、性欲を肯定し、みずから、七十七歳になって得た愛人、森《しん》という女性との愛と性の交歓を高らかに謳歌《おうか》したのだ。

我が手なんぞ森の手に似たる
自ら信ず公は風流の主
発病玉茎《ぎよくけい》の萌《きざ》しを治す
かつ喜ぶ我が会裡の衆

「我が手を喚《よ》んで森手と作《な》す」という詩である。二橋進《にはしすすむ》さんの現代語訳を紹介しておこう。

わが手をよんで森女はそえ、森女の手はわれにそえる。森女の風流は、玉茎の萌しをみせる。われはこれを喜ぶ。
もうひとつ、一休の詩を詠《よ》んでおく。「婬水」という題の詩である。

夢は迷う上苑美人の森
枕上の梅花花信の心
満口の清香清浅の水
黄昏《こうこん》の月色新吟を奈《いか》んせん

（夢うつつのうちに上苑の美人の森に迷いこんだ。枕上の梅の花はかぐわしい香りをはなっている。婬水を口にふくめば清らかな香りがする。故人も月色のなかでこの香りをかいだであろうか――二橋訳）

●なぜ茶道の舞台となったのか

茶といえば大徳寺。

どういうわけで、大徳寺と茶道の関係が生まれたのか？

中国から喫茶のしきたりを伝えたのが禅宗の祖の栄西《えいさい》だから、茶道と禅宗との縁は深い。

仏に茶を捧げる、仏とともに茶を喫するのが禅宗寺院における茶道だったが、いったん禅寺からはなれて、あらためて茶の立場から禅を考える「茶禅一味《さぜんいちみ》」という姿勢が生まれてきた。

この傾向を推《お》し進めていったのが村田珠光《むらたじゆこう》である。珠光は奈良の人で、はじめは僧の修行をしていたが、茶道の追求に方向転換した。応仁の乱を避けて奈良にいた一休と知り合い、禅の教えを受けるとともに、茶道の心得を論じた。

茶席に禅宗の僧侶の墨蹟《ぼくせき》を掛けることがあるが、これは一休と珠光とのあいだに始まったものらしい。

珠光の禅の修行が合格点に達したとみた一休は、圜悟克勤《えんごこくごん》の墨蹟を与えた。圜悟克勤は宗の名僧で、有名な『碧巌録《へきがんろく》』の編者だ。克勤の書は一休にとっても大事なものだったはずで、それを与えたのは、珠光の禅修行がよほど高いところに進んだと見たからにほかならない。

珠光の新しい性質の茶は弟子の武野紹鷗《たけのじようおう》によって受け継がれた。そのしるしとして珠光は、一休からもらった圜悟の墨蹟を譲ったのだ。

「わが師よりいただいたこの墨蹟、茶席にかけて、茶湯のなかに仏法を読みとることを心得よ」

こうして大徳寺は、それまでとは違う清新な茶道の舞台となった。堺の商人たちは一休の没後も大徳寺への帰依をつづけたから、そのなかで千利休との結びつきが誕生する。

「建仁寺の学問づら、大徳寺の茶づら、妙心寺のソロバンづら」

こんな言葉が生まれたという。禅寺の特徴を表現したものだ。「建仁寺の学問づら、大徳寺の茶づら」はいいとして、「妙心寺のソロバンづら」は説明が必要だろう。これは妙心寺がカネ儲けの道を走っていたというのではない。妙心寺の財政があまりにも苦しくて、財政担当者はいつもソロバンをはじいて経費の節約につとめなければならない。それを「妙心寺のソロバンづら」と言ったわけだ。

なぜ妙心寺の財政が苦しかったのかというと、この寺もまた五山十刹の列にはいらない林下の寺だったのだ。

7

なぜ鬼女《きじょ》は、一条《いちじょう》戻橋《もどりばし》で武士を襲ったか

——平安期に跋扈《ばっこ》した〝鬼〟とは何か

【この章に登場する主な史蹟】

●鬼の片腕を切り落とした渡辺綱《わたなべのつな》

一条《いちじょう》天皇（在位九八六―一〇一一）のころの話である。

堀川《ほりかわ》の一条戻橋《もどりばし》に鬼女が出た。

源頼光《みなもとのらいこう》の四天王（渡辺綱《わたなべのつな》、坂田金時《さかたきんとき》、碓井貞光《うすいさだみつ》、卜部季武《うらべすえたけ》）のひとり、豪勇をうたわれた渡辺綱がある夜、馬に乗って戻橋にさしかかったところ、橋の東詰に美しい女の立っているのに気がついた。

「五条まで、送ってたもれ」

よく考えれば、おかしな話ではある。こんな遅い夜、女の人が一人で立っている場所ではない。

腕には覚えがある、乱暴な男も盗人《ぬすっと》も恐ろしくはないというなら、なにもしおらしく「送ってたもれ」なんて頼まず、さっさと一人で五条に行けばいいのだ。一条から五条は近くはないが、歩けないほど遠くはない。

だが、渡辺綱は騎士道精神にみちた武士であったらしい。「源頼光の四天王」という名に誇りもある。

く。

「よろしい。送って進ぜよう」

美女を馬に乗せ、自分は轡《くつわ》をとって、五条めざして堀川ぞいの道を進んでいく。

正親町《おうぎまち》小路（いまの中立売通《なかだちうり》）に来たところで事件が起こったというから、歩き出してすぐだ。

馬上の美女が、とつぜん恐ろしい鬼の姿に変わったかと思うと渡辺綱の髪のもとどりをむんずとつかみ、わが身とともに夜空に飛び上がった。

「わが行くべきは五条にあらず、愛宕山《あたごやま》なり！」

愛宕山に行って、どうするのか、そこがわからないが、もとどりをつかまれて宙に吊り上げられているのは痛くてかなわない。

「鬼め、なにをするか！」

腰の銘刀「髭切《ひげ》り」を抜き放ちざまに払うと、鬼の片腕を切り落とした。もとどりをつかまれ、宙に浮いたままの姿勢での決闘だから思うように刀を使えないはずだが、そこは歌舞伎の「梶原平三誉石切《かじわらへいぞうほまれのいしきり》」じゃないが、「刀も刀、斬り手も斬り手」である。

美女に化けた鬼は、京の夜空に片腕と悲鳴を残して愛宕山に飛び去り、鬼の片

鬼が渡辺綱《わたなべのつな》を襲った〝一条戻橋《もどりばし》〟

腕にもとどりをつかまれた綱の身体は北野神社の回廊の上にどすんと落ちた。

美女に化けた鬼の腕だから、さぞかし楚々《そそ》とした細い腕かというと、さにあらず、毛むくじゃらの、ごつごつした腕にすぎなかった。

刀のほうは、鬼の片腕を切り落としたということで、「髭切り」から「鬼丸」と名を変えて呼ばれる。

鬼の片腕についての後日談は、こうなっている——渡辺綱は、切り落とした鬼の腕を主君の源頼光に献上した。鬼の片腕なんて、めったに手に入るものではないが、気味が悪くもある。そこで頼光は陰陽師《おんみようじ》の安倍晴明《あべのせいめい》を招いて、相談した。ついでながら、安倍晴明の館《やかた》は一条戻橋から歩いて三十秒ほどのところにある。

「こういった物は祟《たた》ります。物忌《い》みをしなくてはなりません」

ものごとの悪い影響を受けないように、祈禱《きとう》をしたり、必需品を遠ざけて何日かを過ごすのを「物忌み」という。頼光と綱は、鬼の片腕を朱塗りの櫃《ひつ》に納め、七日のあいだ仁王経《にんのうぎよう》を読経《どきよう》することになった。そうすれば鬼の腕は魔性を失う、と晴明が指示した。

読経がつづくうち、頼光の母に化けた鬼がやってきて、なんとかして片腕を取り戻そうとするが、結局は正体を見破られ、首を切り落とされたあげく、建物の破風《はふ》を蹴破って逃げてしまった。以来、渡辺家では家に破風をつくらないしきたりとなった。

●なぜ、平安期に鬼や妖怪が跋扈《ばっこ》したか

鬼と武士との宿命的な対決という構図が、この話の前提になっている。

愛宕山、あるいは大江山《おおえやま》には鬼が棲《す》んでいて、ときどき都に出てきては人間に悪事を働く。若い美女をさらっていくこともある。

武士たちは鬼どもの前に立ちはだかり、勇敢に戦って最後には勝利する。めでたし、めでたし、というパターンだ。

鬼というものの正体はよくわからないけれど、人間の不安や恐怖の心理が反映されたものだということは、なんとなく理解できる。

十世紀後半、世は不安に満ちていた。

御霊会《ごりょうえ》のはじまったのは天禄年間《てんろく》（九七〇－七三）だといわれる。うちつづく災害にたまりかねた京都の市民は、災害の原因は政争にやぶれて悲惨な最期を遂

げた人々の怨霊《おんりよう》の祟《たた》りにちがいないと判断し、朝廷の力をかりずに自分たちで御霊会をひらいて怨霊に鎮《しず》まってもらおうとした。

諸国からの税は未進がつづき、朝廷の財政が苦しくなった。京の市内や畿内《きない》一円で、勝手に武器をもってうろつく者が増え、これを禁止しなければならなかった。正式な兵でもない者が勝手に武器を持つのも、社会不安の反映にほかならない。

諸国がそれぞれに不安材料をかかえているのだが、京都にはそれが集中する。鬼とか妖怪といったものは、人間社会の不安を栄養にして元気になるものだ。愛宕山や大江山の鬼がこの時期に活躍するのは、京都の不安という栄養をたっぷり吸収して、エネルギー満々だからだ。

これに対する武士はどうかというと、貴族政権の不安や、京都の不安という心理の軸をはさんで、鬼と対称の関係にある。Y軸の左に鬼が、右に武士がいる。場面を回転させると、鬼が武士になって武士が鬼になる。裏と表の関係だ。

武士と書けば威勢はいいが、かつては「さぶろうもの——さぶらい——侍」にすぎなかった。貴族の番犬だが、口をきけるだけ犬よりは役に立つと思われていたにすぎない。物語ではいつも嘲笑《ちようしよう》の対象だった。

武士のことを「もののふ」とも言うが、これは「暴力機能を果たすもの」と訳せばいいだろう。機械としてだけ存在が認められ、人間としての存在は問題にされない。

それが、事情が変わってきた。

平将門《たいらのまさかど》の反乱でわかるように、乱を起こすのも、乱を平定するのも武士である。朝廷の軍隊、貴族の傭兵《ようへい》の存在からの脱却がはじまっていた。

●貴族の娘だけを狙《ねら》った酒呑童子《しゅてんどうじ》

愛宕山や大江山に鬼が棲みついていて、しばしば都に出てきては乱暴する。さっきも書いたように、これは人間の恐怖や不安の反映である。鬼がいるだけならさして恐ろしくはないが、都に出没して乱暴する鬼を朝廷が退治できない、そこに現実の恐怖や不安がある。

大江山の鬼――酒呑童子《しゅてんどうじ》の犯罪は何であったかというと、貴族の娘たちをさらっていくことだ。庶民や武士の娘は、誘拐の対象にならない。

詳しく調べたわけではないが、鬼の世界は男子だけで、女性の鬼はいないらしい。あるいは、庶民階級の女性の鬼はいるが、貴族階級の女性の鬼はいないのかもしれない。とにかく鬼は、人間のうち、貴族の娘を必要とする事情があった。貴族の娘は京都にしかいないから、京都に遠からず近からずの愛宕山や大江山が鬼の住処《すみか》となる。

しかし、おなじ鬼でも、酒呑童子と一条戻橋に出た鬼とははっきりとちがっている。酒呑童子は貴族の娘にこだわったのに、戻橋に出た鬼は貴族なんかにこだわらず、はじめから武士に、武士だけに狙いをさだめていた。

鬼の歴史的性格が変化している。

鬼の変化に応じて、武士のほうの歴史的性格も変わっている。

どちらの話でも、主人公は源頼光とその四天王だが、酒呑童子のお伽噺《とぎばなし》では、さらわれた貴族の娘を、朝廷から命じられて奪い返しにいく。戻橋の事件では朝廷や貴族はまったく登場しないで、はじめから最後まで頼光と四天王だけが主人公だ。

武士の歴史的性格の変化が示されているのは、ひじょうに重要だと思う。武士の自己認識、自己主張といったものが採り入れられているからだ。

夜の一条戻橋を行く渡辺綱は、まさか美女に化けた鬼が出てくるとは知らないことになっている。しかし、物語の主人公としては自己主張しているのである。

「おれたちは武士だ。どんなことに出会っても、恐れるものではないぞ！」

●『源氏物語』が描いた「行くは帰るの橋」とは

では、鬼はなぜ、一条戻橋で渡辺綱に襲いかかったのか。

じつを言うと、渡辺綱と鬼とが出会った場所については、いくつかの説がある。戻橋のほかに京都の羅城門《らじょうもん》、京都の七条堀川、大和《やまと》の宇陀《うだ》の大野《おおの》などである。共通するのは、都のはずれの、淋しいところという地勢だ。

一条戻橋は堀川に架かっている。

堀川は、京都の母だ。

平安京は、何本もの細い流れがつくる中洲のうえに建設された。何本もあった細い流れは平安京造営のときに一本にまとめられ、造営用の資材と人夫をはこぶ運河としても使われた。これが堀川だ。

水位の低い、清冽《せいれつ》な流れであった。飢饉《ききん》に襲われたときに、市民が堀川の鮎《あゆ》をとって飢えをしのいだ記録もある。

さてまた、平安京の東西を走る大路《おおじ》のうち、いちばん北にあるのが一条大路である。洛中《らくちゅう》と洛外とを分ける役割も果たしていた。

その一条大路と堀川が交差するところに戻橋はあったのだから、「境にある橋」としての機能があり、洛中から歩いてこの橋に来ると、「この先からは京ではないのだなあ」という感傷にふけったであろう。

これより下流の堀川にも橋が架かっていたが、戻橋のような感傷を呼ぶことはない。そういう意味で戻橋は、特別の橋であった。

いづくにも　帰るさまのみ　渡ればや　戻橋とは　人のいふらむ（和泉式部）

橋というものは、渡ってゆくよりも戻ってくることのほうが重要なのだ。渡っていったきりで戻ってこないのは、その人に不幸があったのを意味する。『源氏物語』でも戻橋のことを「行くは帰るの橋」と表記している。

一条戻橋は堀川《ほりかわ》に架かっている

た。

●〝死者さえ生き返る橋〟という伝説

「帰る」や「戻る」が特別に強く意識されていた橋だから、誰いうとなく戻橋と呼ばれるようになったのだろうが、その意識を前提にしてひとつの伝説が生まれた。

延喜《えんぎ》十八年（九一八）十二月と言うから、渡辺綱と鬼の出会いより百年ほどむかし、戻橋の上を葬送の列が通っていた。文章博士《もんじょうはかせ》兼大学頭《だいがくのかみ》、三善清行《みよしきよゆき》の葬式である。

官吏《かんり》として有能、また詩人としても評価されていた清行が死んだとあって、葬儀を見送る人が橋の前後につめかけていた。

そこへ、息せききって駆けつけた男がある。紀伊の熊野《くまの》で修行していた、清行の息子の浄蔵《じようぞう》である。父の柩《ひつぎ》にとりすがり、一日早く戻れば生きている父に会えたものをと、悲嘆の涙にかきくれた。

そのとき、にわかに天が黒くなり、雷光が走り轟音《ごうおん》がとどろいた。人々を驚かせたのは、雷光のなかに柩の蓋《ふた》があき、清行がむっくりと起き上がって、「浄蔵よ、浄蔵よ」と叫び、二人がしっかと抱き合った光景である。ときならぬ冬の雷光のなかの、幻であったのかもしれない。だが、たとえ幻でもいい、幻のなかに見た光景を信じたいと、その場にいた人々は思い、伝えた。それが戻橋の名の由来であると『撰集抄《せんじゆうしよう》』は説明する。

戻橋では死者さえ生き返る、ましてや、というわけで、わざわざ戻橋を渡って洛外に出て行く人も増えてきたことだろう。

橋には人が集まる。

人が集まれば、現在でいう情報も多く集まる。そこに、橋というものの神秘感が生まれる心理的な条件がある。

橋の上での占い――橋占《はしうら》も、そうした橋の神秘感の上にたっている。橋なら、どの橋でもかまわないかというと、やはり戻橋のように、人々が格別の感情を寄せる橋でなくては威厳が出ない。

左大臣にまでのぼった藤原頼長《よりなが》（一一二〇－五六）の日記には、戻橋で橋占をしてもらい、「あなたは足で米を踏むほどの幸福に恵まれるでしょう」と言われた記事がある。

浄土宗西山《せいざん》派の祖、証空《しようくう》上人（一一七七－一二四七）が十四歳のとき、久我通《くがみち》親《ちか》の猶子《ゆうし》（兄弟の子が養子）として元服《げんぷく》させられることになった。しかし証空上人は、どうしても元服しないと頑張り、親に反抗する。十四歳の子供にしてははっきりと主張するのに不審をいだいた親が、戻橋で橋占をしてもらったところ、「この子は法然《ほうねん》というお坊さまのお弟子《でし》になる運命です」という結果が出た。もし橋占をしなかったら、優秀な少年が法然の弟子になる道は閉ざされてしまったはずだ。

●戻橋の神秘を利用した安倍晴明《あべのせいめい》

戻橋の橋占は格別に信用された。

そして、この戻橋の橋占をはじめたのは、すぐ近くに館をかまえていた陰陽《おんみょう》師《じ》の安倍晴明だったとする説がある。

陰陽道は、古代の中国ではじまった思想と技術である。天然の運行と人間世界の変化のあいだには密接な相関関係があるとする前提に立って、天然の観察をつうじて人間世界の変化を予知し、呪術をする。政治学の一種ともいえる。

陰陽寮《おんみようりよう》という役所があり、陰陽師とか陰陽博士という役人がいる。

陰陽師《おんみようじ》・安倍晴明《あべのせいめい》の館跡〝晴明神社〟

「この人を重い役職につけなければ、大災害が起こります」

陰陽博士がこう予告して、この通りになったら、信用は決定的になる。そしてこの陰陽博士が、もしも「彼はあなたを失脚させようとしています」と言ったら、言われた人は信用しないわけにはいかない。「あなたの考えの実行は、私にお任せください」と言われ、黙認しているうちにライバルが変死を遂げれば、この政治家はこの先、陰陽博士の言うままに政治をしなければならない。

陰陽師たちは宮廷政治や貴族の生活の奥深くに食い込んでいた。政策の立案から実行まで、細かな点が陰陽師に左右されていたのだ。

その一方で陰陽師たちは、科学者あるいは技術者であるということで政治責任からはいつも自由な立場にたっていた。政治に対して助言し、または立案しても、実行するのは政治家だという名目の陰に隠れているのである。

安倍晴明の館の跡は晴明神社になっているが、当時の場所から変わっていないといわれる。

ここは内裏《だいり》の鬼門（艮《うしとら》—北東）に当たる。

邪気の侵入を防ぐという表向きの理由があって晴明の館がここに建てられたのだろうが、じつを言うと、邪気の最たるものは政治家の嫉妬や競争心だ。

たがいに近く接することで、戻橋と晴明館とは神秘的な威厳を、よりいっそう盛り上げていた。戻橋のすぐ近くに館をかまえていることで、安倍晴明の呪術は強力、かつ正確である――と世間に思わせる効果があった。

●十二神将《しんしょう》と結びつく橋占《はしうら》の起源

戻橋の橋占は安倍晴明がはじめたものだと記すのは『源平盛衰記《げんぺいじょうすいき》』である。晴明は、陰陽師としての仕事をするうえで十二の「神将《しんしょう》」を使っていた。神将の実体はどういうものか、よくわからないのだが、「十二人の童《わらべ》とは十二の神将の化現《けげん》なるべし」という文章のあるところをみると、童顔の人間で、神の化身と思われていた。晴明の手足となって天然の変化を観察し、その変化の意味するところを関係者の口を通じて言わせる。

依頼者の願い、あるいは晴明の思惑《おもわく》によって、明を暗黒に変え、黒を白に変える呪術も実行する。それが神将というものだったようだ。

ただし、神将の容貌はじつに恐ろしいものだった。晴明の妻は、神将といっしょに暮らす恐怖に耐えられない。

「気味が悪くて、あたしはもう、これ以上はあの神将とは暮らせません」

「そうは言っても、お前。神将どもがいなくては、陰陽師としての俺の仕事は……」

「神将を使うのは止めてほしい、とは申しません。ただ、あの恐ろしい顔を見ないですめば……」

そうか、それならばと妥協成立、晴明は十二の神将を戻橋の下に閉じ込めておき、用事のあるときは呼び出して使うことになった。これが戻橋の橋占の起源だという。

安倍晴明が戻橋の下に閉じ込めた十二の神将のことが、当時から世間に知られていたのか、どうか、わからない。

しかし、いったん、「戻橋の橋占はよく当たる」と評判が出れば、神将のことなど、もうどうでもいい。戻橋そのもの、橋の周辺一帯が神聖視され、不気味な雰囲気を漂《ただよ》わせるようになったなら、理由は問題にされない。都市の神聖で不気味なコーナーというものは、繁華街がそうであるように、必要不可欠なものなのだ。

いま、戻橋と晴明神社とのあいだには、京都を南北に貫く道のうち、いちばん幅の広い堀川通が走っている。だが堀川通がこんなに広くなったのは近年のことだ。むかしは、まず堀川があり、川に沿って細い堀川通があるだけだった。

とすると、晴明館の敷地を出たところが戻橋である、そういう感じの位置関係になっていたはずだ。両者は一体だったのである。

●なぜ、刑死体の晒場《さらしば》となったのか

天正《てんしょう》十九年（一五九一）二月、豊臣秀吉は千利休に切腹を命じた。そして、大《だい》徳寺《とくじ》の三門から引き下ろされた利休の木像が戻橋のたもとに晒《さら》された。

なぜ、利休の木像が戻橋に晒されたのかというと、以前からここは刑死者の遺体を晒す場所になっていたからだ。

威厳のある橋占が行なわれ、すぐ近くの安倍晴明の館では政治の行方《ゆくえ》を決定する呪術が行なわれていた平安時代の戻橋から刑死体の晒場《さらしば》へ――激動といっても足りないほどの変化ではあった。

戻橋と、橋をとりまく環境が、なぜこうも変わってしまったのか。

一口に言えば、政治体制の変化である。

戻橋に出没する鬼や妖怪を退治したことで勇敢さを誇示した武士だが、貴族を凌《しの》いで権力を握るようになると、武士は勇敢なのだ、鬼や妖怪なんかすこしも怖くない、と威張っても意味を持たなくなった。

勇敢ということの実体も、鬼や妖怪に立ち向かう勇敢ではなくて、武士のあいだの合戦に勝ち、勝利を少しでも長く維持することを意味するようになった。もう、戻橋が神秘で不気味な雰囲気を売りものにする時代ではなくなったのだ。

神秘と不気味を主張してきた戻橋は、消極的にならざるをえない。刑死体が運ばれてくるのを待つ、受け身の姿勢になった。

なかでも決定的だったのは豊臣秀吉の建てた聚楽第《じゅらくだい》である。聚楽第の敷地跡はかならずしも明確になってはいないが、北を一条通とするのは諸説一致し、東は大宮通、葭屋町《よしやまち》通、あるいは堀川通と説が分かれる。このうち葭屋町通は秀吉の市街改造工事によって作られた通である。

大事なのは、聚楽第の東の境がどの通りに位置していたにせよ、戻橋はその外に置かれてしまったということだ。聚楽第の外で、すぐ近くだったのも注目したい。

千利休に切腹を命じた豊臣秀吉

遡《さかのぼ》って平安京でも戻橋は、北の境に位置していたが、洛外ではなかった。それがいまは、聚楽第の外に、まるで盲腸のようなものとして、くっついているだけの存在になった。

ついでながら、千利休の屋敷が葭屋町通の最北端、つまり元誓願寺《もとせいがんじ》通にあったのも、なにやらこの時期の戻橋の置かれた環境に因縁づけられる感じもする。

利休の私宅は大徳寺の近くにあって、この葭屋町通の屋敷はいわば役宅である。天下人秀吉の茶頭、かつ政治顧問の地位にあった人に対して秀吉は、聚楽第に接してはいるものの聚楽第の中ではない、しかも刑死体の晒場の戻橋にすぐ近いところに役宅を与えたのだ。

「場所としてはよくないが、まあ、御命令とあれば仕方はないか……」

利休の、そんなつぶやきが聞こえてくる。

●「結婚の行列は戻橋を通らない……」

聚楽第の寿命は長いものではなかった。新しい主《あるじ》となった甥《おい》の関白秀次《ひでつぐ》が栖突いたとみるやいなや秀吉は、秀次を高野山《こうやさん》に追放して自害させ、多数の妻妾《さいしょう》と子を殺し、聚楽第を破壊してしまったのだ。

戻橋の第三期が、静かに息を吹き返してくる。「戻る」「よみがえる」にからむ伝説が復活する。

刑死者は、死刑の後ではなく、刑の執行前の市中引き回しの途中、戻橋の上で花と餅とを供《そな》えることを許された。死刑執行後の蘇生を願う儀式である。もっともこれは、「そういうことなんだそうだ」と伝えられる伝承のたぐいであって、実際例があるのかどうか、わたしは知らない。

それからまた、縁談の決まった人、結婚の行列は戻橋を通らないものだ、ということにもなった。「戻る」とは縁起でもない、というわけだ。こっちのほうは、いまでもしばしば耳にする。

8

京の奥座敷・嵯峨《さが》の〝祇王《ぎおう》伝説〟

——「祇王寺《ぎおうじ》」に語り継がれる白拍子《しらびょうし》の悲劇

【この章に登場する主な史蹟】

●祇王《ぎおう》はなぜ、嵯峨の地に隠れ住んだのか

祇王寺《ぎおうじ》は嵯峨《さが》にある。

地図でみると嵯峨は広いように感じられるが、じつは、せまい。せまい嵯峨に、どうか自動車を乗り入れるのはやめていただきたい。ゆっくりと歩いてこそ、嵯峨のほんとうのよさが満喫できる。

嵯峨、嵐山《あらしやま》、そして三尾《さんび》（高雄《たかお》・槙尾《まきのお》・栂尾《とがのお》）のあたりは「京の奥座敷」と呼ばれることがある。奥座敷だから、先は行き止まりになって、山を越え、川をさかのぼると丹波《たんば》になる。

王朝の貴族たちは、この奥座敷でゆっくりとした時間をすごすのを楽しみにしていた。たくさんのお寺が建てられているが、そのお寺でさえ、冥土のことを考えたり、死者の悲しい思い出にひたるというよりは、せわしない現世から逃れて、楽しい時間をすごす場所として建てられた印象が深い。

嵯峨には「あそぶ」という言葉や姿勢がふさわしい。疲れ、汚れた魂《たましい》をゆったりと空間に放り出してやる、といったことだ。そうすれば現代人のわれわれで

も、王朝貴族の気分になれる。むずかしいことではない。

祇王《ぎおう》と祇女《ぎじょ》の姉妹は平清盛《たいらのきよもり》（一一一八—八一）に追放され、嵯峨に隠れて住んだ。彼女たちの住んだ寺が、今の祇王寺だといわれる。『平家物語』に出てくる悲劇のひとつなのだが、この祇王寺の、こぢんまりしたたたずまいのなかにいると、ここが悲劇の現場だという印象はうすい。伝説がいうのとは反対に、彼女たちは静かな幸せのうちに一生を送ったのではないか——そんな気持ちにもなってくるのである。

嵯峨野の空気には、悲劇の伝説さえ打ち消してしまう健康なイオンが満ちているような気がする。

●平家の全盛を誇示する〝白拍子《しらびようし》〟の舞

全盛のころの平清盛の館《やかた》は、京都駅の西南にあたる西八条にあった。六町四方というから、広大である。付近には頼盛《よりもり》・重盛《しげもり》・宗盛《むねもり》など一門の屋敷が軒《のき》をつらねて、平家の全盛を誇示していた。

鴨川の東、六波羅《ろくはら》に平家の本宅があるが、これはいわば役所である。清盛の日

美しい白拍子《しらびょうし》の悲劇を伝える〝祇王寺《ぎおうじ》〟

常のほとんどは西八条邸で送られた。

清盛がいれば連日連夜の酒宴である、詩歌管弦《しいかかんげん》である、そして美しい女たちの舞い歌う姿が見える。

女たちは「白拍子《しらびょうし》」と呼ばれ、神楽歌《かぐら》や「今様《いまよう》」という流行歌を歌い、舞った。

平家が安芸《あき》の厳島《いつくしま》神社と深い関係があったのはよく知られるところで、その厳島神社の巫女《みこ》たちもやってきて、これは今様ではなく神楽を舞った。宮廷の主、後白河《ごしらかわ》法皇もこの西八条邸に招かれて厳島神社の巫女たちの舞に拍手喝采をおくったひとりである。

たぶん法皇は、こんなことをつぶやいていたはずだ。

「神楽歌もわるくないが、やはり今様じゃ。まっすぐに心に響いてくる強さで今様にかなうものはない」

後白河法皇は「今様ぐるい」といわれるほど今様歌に熱中した。世間に流布《るふ》する今様歌を集め、整理して『梁塵秘抄《りょうじんひしょう》』という本を作ったほどの熱中ぶりだ。夜昼かまわずに今様を歌っていたので、三回も喉《のど》を痛めた経験がある。

『梁塵秘抄』には仏の歌が多い。いくつか紹介しておこう。

〽仏はつねにいませども、
うつつならねぞあはれなる、
人の音せぬ暁《あかつき》に、
ほのかに夢にみえたまふ。

恋の歌もある。

〽恋ひ恋ひてたまさかに逢ひて寝たる夜の夢はいかが見る、
ぎしぎしぎしと抱くとこそ見れ、

流浪《るろう》の子を思う母ごころの歌もある。

〽わが子は二十になりぬらん、博打《ばくち》してこそ歩くなれ、
国々の博党に、さすがは子なれば憎うなし、
負かいたまふな、王子の住吉、西の宮、

●清盛《きよもり》の寵愛《ちようあい》を一身に集めた祇王

さて、祇王と祇女の姉妹は、白拍子である。

白拍子とはなにかというと、簡単に言えば大衆芸能の一種であり、それを演じて稼ぐ遊女《ゆうじよ》のことでもある。

鳥羽《とば》天皇のときに「しまのせんざい」、「わかのまい」という二人の女が歌い舞ったのが評判になり、新しいスタイルが確立した。この二人は水干《すいかん》に立烏帽子《たてえぼし》、白鞘巻《しろさやまき》の刀を差して舞ったので「男舞い」と言われた。しばらくすると立烏帽子と刀が省略され、水干だけの姿になったので「白拍子」と呼ばれるようになったというのが『平家物語』の説である。

「しまのせんざい」と「わかのまい」は、巫女《みこ》系の遊女だったのだろう。服装にも振り付けにも、いろいろとやかましいしきたりがあったのを、おもいきって省略したのが男舞いになったのではないか。つまり「白拍子」の「白」は水干の生地の白絹の印象であるとともに、シンプルを意味する「白」でもあった。

白――シンプルは、この踊りと歌とがお寺や神社の権威から離れ、庶民のものとして歓迎されたことを示す。

しかし大衆芸能は、庶民のなかにあるだけでは生き残れない。パトロンが必要だ。そのパトロンになったのが平家であり、宮廷であり、後白河法皇だった。現代の大衆芸能でも、資本とか企業というパトロンがいなければ庶民のなかへ出てはいけない。それとおなじことだ。

平清盛がたくさんの白拍子をかかえていたのも、たんなる物好きではない。権力者は大衆芸能を保護しなくてはならないという、芸能史の必然に立ってのことだった。

西八条邸で繰り広げられる連日連夜の歌と舞もまた、清盛の趣味ではない。それは権力が権力であるために必要な儀式のひとつだったのである。

祇王と祇女の姉妹は、清盛がたくさんかかえていた白拍子のうちで最高の寵愛《ちょうあい》をうけていた。容易な立場ではないことがわかっていただけるだろう。

●現われたライバル・仏御前《ほとけごぜん》

祇王にたいする清盛の寵愛がどれほど強かったか、こんな話がある。

「やっぱり名前だと思う。祇王の『祇』の字が、なにか縁起がいいみたい」

「それでは、わたしもあやかって……」

祇一・祇二・祇福・祇徳なんていう名前の白拍子がぞくぞくと誕生したというのだ。もちろん、名前が決定的だったわけはない。祇王の美声と容貌、そして身のこなしのすべてが清盛の寵愛を一身に集めたのだ。

祇王の妹の祇女や、母の閉《とじ》までも祇王の栄華にあやかり、西八条邸のなかに豪華な屋敷を建ててもらって住んだ。月給として米が百石《こく》と銭を百貫。

白拍子第一の栄誉をほしいままにした祇王だが、いいことは長くは続かないのがこの世の常、三年もすると強力なライバルが出現した。加賀出身の仏御前《ほとけごぜん》という白拍子だ。

祇王といい、仏御前といい、一人で活躍しているわけではない。彼女たちの背後には「祇王グループ」とでもいう白拍子の集団があって、京都を中心にする庶民のなかで営業している。

グループのメンバーは権力者の寵愛を競《きそ》い合うこともない、いわば自由なタレントだ。だが、代表者が権力者の寵愛をうけているのと、いないのとでは、営業に大きな差が出てくる。祇王にしても、背中に仲間をかかえていることが名声の

祇王、祇女、そして母の閉《とじ》が眠る墓

（右にあるのは、平清盛供養塔）

重みになっている。

節まわしや振り付けの、いわば著作権みたいなものがあって、「なんですか、その節まわしは清盛公さまの寵愛を一身にうけている白拍子の第一人者、祇王さまの案出なされたもの。それを勝手につかうのは許しません！」という場面もあったろう。

仏御前がはじめて京の巷《ちまた》で舞い、歌ったとき、「こんなにも見事な白拍子は見たことがない！」と、京じゅうの拍手喝采を浴《あ》びた。

そのまま京の市民のアイドルとして活躍していればいいではないか、というのは現代感覚というもので、さっきも言ったように、仏御前にはそれができない。

彼女の背中にも仲間がいるのだ。

権力者清盛のまえで祇王と演技を競い、祇王を蹴落とし、天下第一の白拍子の栄誉を獲得しなければならない。清盛としても、仏御前が祇王に挑戦するのを妨げるわけにはいかない。権力者である以上、彼の側にいる白拍子は実力人気ともにナンバーワンでなければならない。

また清盛は、祇王にも仏御前にも個人的な未練をもってはいけない。「仏御前の実力はそれとしても、祇王はいい女だし、これまでの功績もあるから……」なんてやっていれば彼の権力に風穴があいて、そこから崩壊に向かうだろう。たかが白拍子、ということではすまないのだ。

●仏御前の芸に軍配をあげた清盛

京の巷《ちまた》でこそ拍手喝采を浴びたが、清盛から声がかからない。

それならばと、仏御前は自分から清盛の西八条邸に乗り込む決心を固めた。「遊女のならい、こっちから推参して、なにが悪いのよ」というわけだ。

「遊女のならい」は、『平家物語』の原文では「遊びもののならい」となっている。全盛を誇る清盛の屋敷に、紹介状もない遊女がのこのこ行って入れるのだろうかという疑問が出るが、「遊女のならい」というところをみると、遊女や白拍子なら可能だったらしい。白拍子だからこそ可能なのだとみてもいいだろう。白拍子に対しては門戸を開放しておかねばならない、それが権力者の義務でもあったわけだ。清盛のまえで仏御前は舞い、歌い、大成功をおさめた。

「仏御前が舞い終わらぬうちに、もう清盛は立ち上がって仏御前の腰に抱きつき、そのまま帳台のなかに引きずりこんでしまった。まことにひどいものだ」

清盛が仏御前の芸に軍配をあげた様子を、『平家物語』はこのように描写している。祇王はたちまちナンバーワンの椅子から転落してしまった。

転落したからといって、すぐに追い出されたのではない。米百石と銭百貫の給料は停止されたが、宿舎は取り上げられなかった。

西八条邸には、仏御前や祇王のほかにも何人かの白拍子が住んでいたのだろう。そしていまや仏御前だけが格別の地位にいて、祇王や、そのほかの白拍子たちは十把《じっぱ》ひとからげの扱いだ。

清盛の直属でなくなった祇王に、平家の武者たちが誘いの手を伸ばしてくる。いままでは清盛が怖くて手を出せなかったが、こうなったら怖くはない。

祇王は、男たちの誘いに乗らなかった。白拍子を廃業した心境になっているからだ。そしてこのころから祇王は、しきりに「浄土往生《じようどおうじよう》」を願う気持ちが強くなってくる。

●浄土往生を願い、嵯峨に隠棲《いんせい》

『平家物語』を少しでも読んだことのある読者なら、たぶん、登場人物のすべてが口をひらけば「浄土往生」を言っているのに気がついているはずだ。登場人物のすべて、といっては過言だけれど、そう言いたくもなるほど「浄土往生」の雰囲気があふれている。

浄土とは仏教の基本の考え方であって、それ自体はべつに新しいものではない。

天台宗の開祖の最澄《さいちょう》が、阿弥陀仏を念ずることを提唱してから、新しい宗教――浄土教の運動が起こってきた。

源信《げんしん》は『往生要集』で、極楽浄土へ往生する具体的な方法を説いた。法然《ほうねん》は念仏を本とする往生を説き、親鸞《しんらん》は念仏は往生の条件ではなくて報謝の気持ちの表現であると説き、庶民のあいだに浄土の教えをひろげた。

『平家物語』に描かれるのは、浄土教が「厭離穢土《えんりえど》、欣求《ごんぐ》浄土」の色彩を濃厚にしていた時代である。少しおおげさに言うと、現世は浄土に往生するための前提にすぎないという考えが強調されていた。

仏御前にナンバーワンの椅子を奪われた祇王は、敗北感を征服しようとはせず、反対に、敗北感をテコにして、そのまま浄土に行きたいと強く思うようになった。

そこに、事件が起こる。

「仏御前の気分がすぐれない。祇王よ、仏のまえで舞い歌って、彼女をなぐさめよ」

清盛に命令された。

祇王ははじめ、断わろうと思った。芸の上での敗北は認めるしかないが、それにしても、こんな屈辱はない。

しかし、母の閉が「ここは、我慢して」とすすめたので、仏御前と清盛のまえで舞い、歌い、ひどい屈辱感を味わった。

「このような恥辱をうけては、もう生きてはおられませぬ。今日をかぎりに……」

死ぬ決意を固めた。妹の祇女も、姉とともに死ぬ決意をした。

だが、母はこう言うのである。

「お前たちふたりが死ぬなら、この私も生きてはいられぬ。だが、まだ死期の来ぬ母を死なせるのは五逆罪に当たる。どうせこの世は仮りの宿り、恥をかこうが、かくまいが、どうにでもあれ。苦しいのは、あの世で悪道に落ちること……」

死期の来ぬ母を自殺させるのは親殺しだ。親殺しは仏教では最大の罪の五つ、五逆罪に当たる。五逆罪を犯した者は、あの世では極楽どころか地獄に堕《お》ちて苦しむことになっている。母は二人の娘に、「それでもよいのか」と、反省をうながしたわけだ。

母の指摘を、祇王としては納得せざるをえない。彼女はただ、浄土往生だけを願って厭土での日々を送っている。生きるか死ぬかは問題ではなくて、浄土往生ができるか、どうか、それだけが問題だ。

ここで死んでは浄土往生がかなわないのを悟ったから、祇王は自殺する決意をひるがえした。そして、西八条邸から姿を隠し、嵯峨の奥の往生院で隠棲《いんせい》することにした。

●なぜ嵯峨野が浄土と見なされたか

〽嵯峨野の興宴《きょうえん》は、鵜船《うぶね》筏師《いかだ》流れ紅葉、
山蔭ひびかす箏《しょう》の琴、浄土の遊びに異ならず

『梁塵秘抄』に、嵯峨野の様子をこのように歌った今様歌が収められている。嵯峨野は浄土である、と言っている。嵯峨野に遊ぶのは、そのまま浄土で生きるのと変わらない、とまで言っている。

この世の浄土の嵯峨野、そこにあった往生院に祇王の一家は移り住んだ。往生院は法然上人の弟子の念仏房良鎮《ねんぶつぼうりようちん》という僧が建てたものだというから、浄土教が発展する初期のことになる。

嵯峨と法然との関係では、祇王寺に近い小倉山《おぐらやま》の麓の二尊院《にそんいん》のことも考えなくてはならない。嵯峨天皇の勅願で慈覚《じかく》大師が建立した華台寺《かだいじ》が前身で、荒れ果てていた華台寺を再興して二尊院としたのが法然だった。

法然は嵯峨野を浄土と見たから二尊院を再興し、弟子の良鎮は往生院を建てた――そんな簡単なことではあるまいが、まったく無関係ともいえない。

浄土往生したい――京都の人が浄土往生を熱望すれば、まず嵯峨野を連想する。理屈を超えた、ごく自然の感情なのだ。

浄土は遠い西にある、と教えられる。

夕方近く、しだいに鈍《にぶ》い色になる太陽が西山の向こうに落ちていくとき、

「ああ、そうか。浄土はあの山の向こうにあるんだな！」

法然《ほうねん》は嵯峨野《さがの》に〝二尊院《にそんいん》〟を興した

格別に信仰心の深くない者でも、しみじみと納得できる。西山のはるか遠い彼方《かなた》にある浄土のことを思って嵯峨野に遊べば、嵯峨はそのまま浄土になる。

祇王の一家は嵯峨の往生院でさびしい暮らしを送るのだが、それはけっして人生の行き止まりではなかった。浄土往生への足慣らしなのだ。

外目には淋しい暮らしと見えても、三人の女性はすこしも淋しくない。浄土へ日に日に近づいているという、たしかな実感につつまれる暮らしであった。

●尼《あま》となり、訪れた仏御前

祇王、祇女、そして母の閉の三人が暮らしている往生院の門を、こっそりとたたく者があった。

「おや、あなたは、まあ!」

出迎えた者は声をのんだ。門をたたいたのはほかでもない、やつれはてた仏御前の姿だった。

「これまでのこと、すべてをお許しいただきたいと……」

そう言いつつ仏御前は、頭のかぶりものを脱いでみせる。すでに彼女は髪をおろし、尼の姿になっていたのである。

「このように姿を変えてまいりました。罪を許していただければ、みなさまとともに念仏して、おなじ蓮《はちす》の上の身。お許しがなければ、いまから諸方を迷い歩き、苔《こけ》の筵《むしろ》、松の根の下に倒れても念仏三昧《ざんまい》、浄土往生、ただそれだけを……」

一度は祇王に勝って栄誉に輝いた仏御前だが、やがて無常の思いに取り憑《つ》かれ、浄土往生の思いが日に日につのるばかり。噂をたよりに嵯峨へやってきたのであった。

だが、なぜ仏御前は祇王の後を追ってきたのだろうか？

他人が自分の後を追ってくる——それはリーダーの条件の一つである。祇王は、嵯峨というこの世の浄土に大衆を導いていくリーダーの役目を背負っていたのではないか。

さらに、ナンバーワンの椅子から落ちたあと、すぐに嵯峨に隠棲しないで、しばらく西八条邸に住んでいたのは、なぜか。平家の浮かれ武者たちが手をかえ品をかえて誘ってくるのを、うまくかわしていたという、その姿が気にかかるのだ。

これは、男を誘う媚態ではなかったのか。

じつは、このときの祇王はすでに、大衆を嵯峨の浄土へ誘うリーダーに変身していた、そう見たほうがいいのではないか。

●なぜ、清盛の像が一緒に安置されたか

祇王の一家と仏御前は、この往生院で念仏三昧の日々を送っていた。

往生院はまもなく荒れ果て、明治になってから再興されて、往生院祇王寺と名づけられた。

本堂には祇王、祇女、閇、そして仏御前の尼僧姿の像が安置されている。それは当然として、清盛の像も安置されているのには首をかしげる人も少なくないだろう。憎い清盛の像なんか、ぶっこわしたほうがいいんじゃないか、と。

しかし、ここには清盛の像があったほうが自然なのだ。世俗のことは死によって浄化されるということもあるし、なにより、ここに清盛の像を置くことで、すべてのものを浄土に誘うリーダーとしての祇王の姿がますます鮮明になってくるからだ。

仏御前は加賀の出身だと『平家物語』は書いているが、祇王の出身地について

はなにも語らない。

滋賀県の三上山《みかみ》の麓、国道八号線から朝鮮人街道に入った左手に小さな流れがあるが、これが「祇王井川《ぎおういがわ》」と呼ばれ、祇王とのゆかりを伝えている。

それによると、このあたりは農業水利が悪かった。琵琶《びわ》湖から灌漑《かんがい》用水を引けばいいのだが、費用がない。そのことを聞いた祇王が、清盛に「わたくしの故郷のために、どうか運河をつくる費用を……」と願った。清盛は、「祇王の願いでは断わるわけにはいかんな」と、運河を引く費用を出してやり、この祇王井川が完成したのだという。

つまり祇王と祇女はこのあたりの出身だと、昔から伝えられているのだ。

ちかくには祇王寺があり、祇王と祇女の墓もある。祇王と祇王井川のかかわりを説明する石碑も建っているが、石碑の碑文では祇王、祇女ではなくて、「義王、義女」である。

祇王と祇女に英雄とか恩人のイメージをささげた結果の「義」の字だろう。

●後白河法皇《ごしらかわほうおう》の過去帳に記された四人の名前

京都の富小路通五条下ルに、長講堂《ちょうこうどう》という浄土宗のお寺がある。むかし、六条大路の北、西洞院《にしのとういん》の西に後白河法皇の御所があって六条殿といわれていた。六条殿の持仏堂が長講堂で、のちに浄土宗の寺になり、いまの場所に移ってきた。

この長講堂の後白河法皇の過去帳に祇王・祇女・閇・仏御前の四人の名が記録されている。『平家物語』に書かれているとおりだ。

祇王寺の本堂に清盛の像が一緒に安置されているのはともかく、後白河法皇の過去帳に四人の女性の名が書かれているのは、いかにも唐突な印象だ。

なぜなのか？

『平家物語』の最後の章は有名な「灌頂《かんじょう》の巻」である。ここで法皇は、洛北の大原に隠棲している建礼門院徳子《けんれいもんいんとくこ》（安徳天皇の母、平清盛の娘）をたずね、ともどもに過去を振り返って涙する、という筋になっている。

平家は没落したが、後白河法皇はのこって相変わらず権力を保持している。源

祇王伝説を裏付ける過去帳を保存する〝長講堂《ちょうこうどう》〟

氏の武家政権が成立してはいるが、宮廷における法皇の位置にゆるぎはない。その法皇が、敗者の徳子をたずねるのは、どういう意味があるのか？

許し――このほかには、ない。

法皇は最後の審判者なのである。または、この世における閻魔《えんま》大王だ。徳子をたずね、過去を回想してともどもに涙することによって法皇は、自分にかかわった者のすべてに「許し」を与えたのだ。

ところで、「灌頂の巻」は、あとになってから『平家物語』に挿入されたことが確実視されている。そしてまた、祇王の物語も、あとになってから『平家物語』に挿入されたらしい。

この二つのことを合わせて考えると、『平家物語』の作者が、「四人の女性の名は後白河法皇の過去帳に書かれた」という筋を展開した意味が理解できるように思う。法皇との関係を強調することで、四人の女性に法皇の「許し」が出るようにという、やさしい気持ちからのことだったのだ。

四人が浄土往生をとげたのはまちがいないとしても、現世では清盛に迫害されたままになっている。それを、なんとかして取り消してやりたいと思ったにちがいないのだ。

9

珍皇寺《ちんのうじ》の鐘の音は、なぜ冥土《めいど》まで響くのか

——生と死の境界〝六道《ろくどう》の辻《つじ》〟の伝説

【この章に登場する主な史跡】

●なぜ「まるで神社の鈴」みたいなのか

ふだんは、ひっそりと静かな六道珍皇寺《ろくどうちんのうじ》だが、夏の盂蘭盆《うらぼん》の三日間は人また人の賑《にぎ》わいをみせる。

東京の浅草《あさくさ》によく似ているなと思う人も多いだろう。浅草に似ているという印象は大事なことだが、理由はもう少し先に行って考える。

珍皇寺はお寺である、お寺だから梵鐘《ぼんしょう》があるはず——？

ちょっと見ただけでは、どこに梵鐘があるか、わからない。鐘楼《しょうろう》が見当たらないのだ。

珍皇寺には梵鐘がないのか？

ないわけが、ない。ちゃんと、あるのだが、「それが珍皇寺の鐘ですよ」と教えられないと、ちょっとわからない。松原《まつばら》通に面した丹塗《にぬ》りの門から入って右手、人の背ほどの高さのお堂がある。これが鐘楼で、このなかに梵鐘がある。

「このなかに、あるの、鐘が？」

「ありますよ。有名な珍皇寺の鐘が、ちゃーんとあります」

「だって、見えないのに……」

珍皇寺の鐘は、鐘楼の外からちょっと見ただけでは見えない。落ち着いて見れば、お堂から紐《ひも》のようなものが出ているのがわかる。この紐の先に鐘が付いている、と言ってもまたまた厄介《やっかい》な感じになるが、要するに、この紐をにぎって引っ張ると、お堂のなかで鐘が鳴る仕組みになっている。

「紐を引いて鳴らすなんて、まるで神社の鈴みたい！」

「ここはお寺です、神社ではありません」

お寺の鐘といえば、高い鐘楼の天井から吊られていて、撞木《しゅもく》を突いて鳴らすものと相場が決まっている。鐘の音は「グォーン」と表現されるのがふつうだが、珍皇寺の鐘の音は「グォーン」よりも「ガラーン、ガラーン」と聞こえ、お寺の鐘というよりはキリスト教会の鐘に近い。

珍皇寺の鐘は、わたしたちの意表をつく。

そして、この鐘の音は遠い冥土《めいど》まで届くという伝説がある。

冥土まで届くと言われると、不思議なたたずまいのお堂の意味が、なんとなくわかるような気がするではないか。

梵鐘《ぼんしょう》が見えない〝六道珍皇寺《ろくどうちんのうじ》〟の鐘楼

●冥土《めいど》まで響くようになった理由

　珍皇寺の門前のあたりを「六道の辻《ろくどうのつじ》」と呼んでいる。そこで珍皇寺のことを「六道珍皇寺」とも呼ぶが、京都ではふつう、「六道さん」でわかることになっている。

　珍皇寺の開基《かいき》は誰であったか。弘法《こうぼう》大師空海《くうかい》、空海の師の慶俊《けいしゅん》、あるいは藤原不比等《ふじわらのふひと》などと、いろいろと説があって、いずれとも判然としない。開基が判然としないところにも珍皇寺の性格がよく表われている。そのことはまた、先に行って考えよう。

　さて、珍皇寺の鐘の音は冥土まで届くという伝説では、慶俊が主人公になっている。

　珍皇寺は完成したが、肝腎の鐘の披露が終わっていない。披露式をしなくてはならぬと思ううち、慶俊は遣唐使の随員として唐に渡らねばならないことになった。

　唐に行くのはうれしいが、披露式のすまない鐘のことが気になって仕方がない。いっそのこと、唐からもどってくるまで披露を延期しよう、そう慶俊は決心した。

「土に埋めて、三年後に掘り出せ」

弟子僧たちに、こう命じて唐に渡っていった。

弟子僧たちは、師の態度に不審を感じた。いくら唐行きの命令が出たにせよ、鐘の披露ができないほど忙しかったわけではない。なぜ師は、三年ものあいだ鐘を土に埋めておけとおっしゃったのか？

三年の期限を待ちかねた弟子僧は、二年目に鐘を掘り出し、撞《つ》いてしまった。

「ガラーン、ガラーン」

ふつうの鐘の音とはちがう、なにか不思議な響きがした。その響きは、唐にいる慶俊の耳に届いたのである。

「あ、あの音は……なんということをしてくれたのか！」

慶俊の設計では、珍皇寺の鐘は時間がくればひとりでに鳴る「自鳴鐘《じめいしょう》」になるはずだった。ただし、正式に披露の儀式をするか、土のなかに三年間埋めておけば、の条件がついている。

慶俊は弟子僧にこの条件のことを教えずに唐に渡った。それがまずかったと言えば言えるものの、師の命令にそむいて鐘を掘り出した弟子のほうに非はある。

しかし、それが怪我の功名、弟子が師の命令にそむいた結果、珍皇寺の鐘の音は遠い唐にまで鳴りひびく性能を獲得した。

そこまではいいとして、伝説では、珍皇寺の鐘の音は、唐ではなくて冥土に届くことになっている。唐も遠いが、冥土はもっと遠い。

「唐にまで届いた」が「冥土にまで届く」となる変化の経過を知るには、珍皇寺の性格を考える必要がある。

●なぜ「六道《ろくどう》の辻《つじ》」と呼ばれるのか

さきに、盂蘭盆会《うらぼんえ》で賑わう珍皇寺と東京の浅草とでは印象が共通するのではないか、と書いた。ここでわたしの言いたいのは、庶民性である。

平安京ができるずっと前から、京都の人は親類縁者の死体を鳥辺山《とりべやま》の麓《ふもと》に送って片づける習慣になっていた。埋葬するというよりは、ただ、静かに置いて帰るだけだったが、そのうちに焼却するようになる。

「あだし野の露《つゆ》きゆることなく、鳥部（辺）山の烟《けむ》り立ち去らでのみ住みはつる習ひならば、いかにもののあわれもなからむ。世はさだめなきこそ、いみじけれ」

（吉田兼好『徒然草』）

鳥辺山は阿弥陀峰《あみだみね》とも呼ばれる標高一九六メートルの山のことで、阿弥陀峰の麓の東側（市内側）を鳥辺野と呼ぶ、とするのが正しいのだろう。

天平《てんぴょう》時代に、有名な僧の行基《ぎょうき》がこの山の中腹に阿弥陀堂を建てたのが阿弥陀峰の名の起こりだという。

そうすると、「死体をあっちこっちに捨てるのはやめて、阿弥陀峰の麓の鳥辺野にまとめて捨てるように」と指示したのも行基かもしれない。

さて、都から鴨川を渡って死体を運ぶ行列は、いま珍皇寺のあるあたりを通ってから登り道にさしかかる。生の世界と死の世界との境界地点という印象が強いから、いつのまにか、このあたりを「六道の辻」と呼ぶようになった。地獄・餓《が》鬼《き》・畜生《ちくしょう》・修羅《しゅら》・人間・天上が六道だが、まとめれば「あの世」「彼岸《ひがん》」のことだ。

まず先に、「あの世」と「この世」の境界地点があって、そこへ珍皇寺が建てられた。これが珍皇寺の性格の基本である。

●伝説を生んだ〝市《いち》の聖《ひじり》〟・空也上人《くうやしようにん》

ここで少し、日本の仏教の歴史を考えてみる。

奈良の法隆寺《ほうりゆうじ》や東大寺《とうだいじ》、京都の東寺《とうじ》などは国家鎮護を役目として建てられた。人間の生死に関心を払わないわけではないが、それは二の次、重点は国家鎮護だ。天皇や貴族など重要人物ならともかく、庶民の生き死にはなんの関心もない。これが日本仏教の本流だった。

しかし、奈良時代の終わりごろから、新しい姿勢の仏教が現われてきた。民衆の魂《たましい》の救済を問題にする姿勢である。行基はそういう姿勢の僧侶だったし、ひたすら念仏をとなえて魂の救済を願うことを庶民にすすめ、「市《いち》の聖《ひじり》」と呼ばれた空也《くうや》上人もそうだ。

こういう新しい姿勢の僧侶たちは、厳粛な大伽藍《だいがらん》の奥にふんぞりかえって国家鎮護を言うのではなく、市中を歩いてまわり、庶民を相手に地獄と極楽のことを教えた。

〝六道の辻〟は、あの世とこの世の境界地点

貧しい庶民を相手にしてくれる僧侶の出現は、大歓迎された。庶民は、話に聞いて知っていただけの地獄や極楽のことを、自分の人生の問題として考えるようになった。

六道の辻では、毎日のように僧侶が説教している。庶民がつめかけ、説教を聞いて涙を流している。

そこへ、珍皇寺の鐘の音がひびいてくる――死んだあとは、どうか地獄ではなく、冥土に迎えてもらいたい。そして、あの珍皇寺の鐘の音を聞きながら永遠の時間を生きたい。

「珍皇寺の鐘の音は冥土にまで届く」とは、もちろん事実ではない。事実ではないが、庶民の願望が込められていた。「あの世に行ってからも、この鐘の音を聞いていたい」という願望が込められていた。

この鐘の音は冥土まで届く、と信じている人々には、この世もあの世もおなじことだ。あの世に行っても鐘の音が聞けると思えば、安心してあの世に行ける。

わたしたち現代人は、それが信じられない。信じられないから、「それは伝説だよ」と条件をつけて、かろうじて納得するしかない。

●「げに恐ろしやこの道は……」

珍皇寺は、「ここは冥土への入口である」と主張している。死者はこの辻を通って冥土へと旅立つ。

冥土とはいっても、あまりにも漠然としていて摑《つか》みどころがないが、入口があるとなれば実在の感じが出てくる。

鳥辺野に死者を送る行列がこのあたりを通過するとき、ああ、ほんとうにこれで別れなんだという悲しみの思いがつきあげるが、会いたいと思ったら、ここに来ればいい。そう思えば、いくぶん悲しみも薄れる。

六道の辻に行く――それは現代の墓参の気分とはあきらかに違うものだったはずだ。墓参は墓参にすぎないが、六道の辻に行く中世の人々にとっては、死と生との語らいにほかならなかった。

「車大路《くるまおおじ》や六波羅《ろくはら》の、地蔵堂よと伏しおがむ。観音も同座あり、闡提救世《せんだいぐせ》の、方便《ほうべん》あらたに、たらちねを守りたまへや。げにや守りの末すぐに、頼む命は白玉の、愛宕《おたぎ》の寺もうちすぎぬ、六道の辻とかや。げに恐ろしやこの道は、冥土に通ふなるものを、こころぼそ鳥部山。煙の末もうすがすむ……」

謡曲『熊野《ゆや》』が描写する「六道参り」の心象風景だ。

僧侶が声を張り上げて地獄極楽の絵解きをしていたし、身分の低い芸人が猿楽《さるがく》を奏していた。猿楽といっても、能・猿楽と組み合わせられるところの、あの勿《もっ》体《たい》ぶったものではない。金春《こんぱる》とか観世《かんぜ》といって、将軍から身分を保証された特権的な芸能集団は、この六道の辻のような騒がしい場所では演じないのである。

そのころの珍皇寺の境内《けいだい》は、いまよりもずっと広かったという。それだけに、庶民的な感じはいっそう強かったろうと想像される。

本尊は薬師如来《やくしにょらい》座像で、藤原時代の傑作といわれる。だが、盂蘭盆会の賑わいのなかでは——そう言ったら失礼にもなろうが——本尊なんかどうだっていい、という気分になってしまう。本尊がありがたいからお参りに行く、というのではなく、楽しいからお参りに行く、そんな感じだ。

●珍皇寺に結びついた小野篁《おののたかむら》の逸話

珍皇寺の鐘の音は冥土に届く。それなら、冥土への通路もあるのではないか。鐘が納まっているお堂（これを鐘楼とはいえなかろう）の様子からして、これこそ冥土行きの道の入口ではないかと思わせるに充分だ。

思いすごしかもしれないが、このお堂は地面の下から突き出ている、といったもののように見えるのである。地下鉄の空気穴のようでもあり、頭が露出した岩盤みたいでもある。

そして、実際、ここから冥土へ往復していたという人物がいるのである。

小野篁《おののたかむら》（八〇二―八五二）は参議《さんぎ》という高い役にまでついた人だが、学問や和歌の道でも才能を示した人だ。それだけに個性の強い人で、いつもトラブルを起こしていた。「野狂《やきよう》」「野相公《やしようこう》」「野宰相」などと、おだやかならざる名で呼ばれていたのも、いったん言い出したら後へ引かない性格ゆえだろう。

遣唐使の副使に任命され、勇《いさ》んで出発していったが、途中で嵐に遭《あ》い、引き返してきた。

また副使になり、出て行ったのだが、今度もまた暴風に遭い、引き返してきた。

三度目に副使になったのが承和《じようわ》四年（八三七）である。

「大使の藤原常嗣《つねつぐ》はともかく、小野篁はまた引き返してくるんじゃないかな」

「同感。二度あることは三度ある、というからね」

で、どうなったかというと、噂のとおりになった。

いよいよ乗船というときに大使の藤原常嗣と意見が対立し、喧嘩になり、仮病をつかって京都に帰ってきたのである。

嵯峨《さが》上皇の怒りにふれ、隠岐島《おきのしま》に流罪《るざい》となった。隠岐では、島前《どうぜん》の海士《あま》というところに住んでいたが、一年ほどで許され、京都に帰ってきた。それからまた官人として出世の階段をのぼり、最後には父とおなじ参議になる。

遣唐使として行く途中、三度も帰り、流罪の先からも帰ってきた。併せて四度の帰還だ。

しかも、たとえ軽い罪であっても、流罪から帰って参議までのぼりつめるとは容易なことではない。「いくら追われても、かならず帰ってくる男」といったイメージが篁に付いてきた。それに加えて、横柄《おうへい》で自信たっぷりの態度から、「まるで閻魔《えんま》大王みたいな奴」といったイメージも生まれてきたのだろう。

そうなればもう、小野篁と珍皇寺が結びつくのは時間の問題だ。なぜなら珍皇寺は、生きていてほしい人が、そこから冥土へ行ってしまう入口なのである。冥土から帰ってきてほしい人は、珍皇寺を出口として姿を見せるにちがいない。行ってしまっても、かならず帰ってくる――そういう期待をかけられて小野篁は珍皇寺に結びついた。

伝説は、ふくれて、大きくなる。

小野篁は、夜になると閻魔庁に行って仕事をし、朝になると珍皇寺から帰ってきて朝廷の仕事をするそうだ――そういう噂が生まれたという。死んでからのことではなく、生きているうちからこんな気味の悪い噂をたてられたようだから、なるほど、尋常《じんじょう》な人でなかったのは事実らしい。

●なぜ〝閻魔《えんま》大王〟の像が安置されたのか

珍皇寺には「篁堂《たかむらどう》」という小堂がある。篁のほかに、弘法大師空海と閻魔大王の像が安置されている。

空海はともかく、閻魔大王の像を安置しているのには、ちょっと奇妙な印象をうける人も多かろう。

閻魔の前に引き出されて、「お前は地獄行きじゃ！」と宣告されたくないからこそ、お寺に参詣して生前の勤務評定をよくしておくのではないか。それなのに、この珍皇寺には閻魔大王がデーンとすわっていて、閻魔大王の出張裁判みたいだ。

これはたぶん、いざというときに慌てふためかないように、生前から「あの世」というものに慣れ親しんでおくほうがいい、という配慮からきているのではないか。「あの世」のシンボルとしては、閻魔大王ほど適当なものはありえないから。

そうすると、勤務評定の得点を高めるのはこの珍皇寺への参詣ではなくて、毎日の生活で清廉の程度を高くしておくことだ、ということになってくる。では、珍皇寺への参詣の意味はどうなるのかというと、模擬テストである。模擬テストを繰り返して実力をつけておき、本テストに臨むわけだ。

テストといっても、受験生に限ったことではない。盂蘭盆会の日に珍皇寺へ参詣する老若男女は、人生という重大なテストの模擬テストを受けに来ているので

小野篁《おののたかむら》像を安置する〝篁堂《たかむらどう》〟

ある。

その際、「閻魔さま、本テストでは、どうかよろしくお願いしますよ」と顔を売っておくのはかまわない。カンニングの罪には問われないはずだ。

小野篁の墓は、京都の北部にある。

堀川通の北大路をすこし下がった（南へ行くことを京都ではただ「下がる」という）入口に「小野相公墓《おのしょうこう》」「紫式部墓《むらさきしきぶ》」の石碑が立っているからすぐわかる。

小野相公とは篁のことだが、紫式部の墓が隣りにあるのは意外な感じだ。式部は小野氏の一族の女性だったらしい。

●愛宕念仏寺《おたぎねんぶつじ》、六波羅蜜寺《ろくはらみつじ》が軒《のき》を並べる理由

珍皇寺の西にはかつて愛宕念仏寺《おたぎねんぶつじ》と呼ばれた念仏三昧寺《ざんまいじ》があった。いまは嵯峨の奥の鳥居本《とりいもと》に移っている。醍醐《だいご》天皇の勅願で空海が創建し、空也の弟子の千観《せんかん》が中興したとも、千観その人が創建したともいわれ、念仏の寺として庶民の信仰をあつめていた。

天皇の勅願とか、空海が関係していたとすれば、この寺はもともと国家鎮護の

紫式部の墓（左）と小野篁の墓（右）

役目を期待されたのだろう。

だが、ここはなにしろ六道の辻だ。国家鎮護を期待されて建てられた寺でも、ここに集まってくるのは国家なんていうものにはまったく興味も関心もない庶民なのである。いずれは、庶民にとって最大の関心、つまり生と死の問題を扱わなければ相手にされなくなってしまう。

この寺は本来、等覚山愛宕院《とうかくざんおたぎいん》という名であったらしい。それが、六道の辻という場所の関係から、庶民とともに念仏をとなえることに熱心になった結果、念仏寺の通称で呼ばれるようになった。

珍皇寺のすぐ西南には六波羅蜜寺《ろくはらみつじ》がある。

六波羅というと、鎌倉幕府が朝廷と西国の監視のために設置した六波羅探題《たんだい》で有名だが、六波羅という地名が納得しにくい。なにか由来があるはずだと探していくと、やはりこの地が葬送の場であったことに由来しているのがわかる。

むかしここを開拓したとき、人間の骸骨がどっさりと出てきた。そこで、誰言うとなく髑髏《どくろ》町と言ってきたのだが、江戸時代はじめに京都所司代《しょしだい》の板倉重宗《いたくらしげむね》が、「髑髏町とは、あまりにも縁起が悪い」と、六波羅という名に改めさせたという。

葬送の地に建てられた〝六波羅蜜寺《ろくはらみつじ》〟

珍皇寺、愛宕念仏寺、そして六波羅蜜寺が軒《のき》を接するように建てられた。

古代末期から中世にかけてのこのあたりは、一口に言えば、鴨川の氾濫原《はんらんげん》である。氾濫原が少しずつ高くなって、ようやく人が住めるようになり、やがて東山《ひがしやま》の麓《ふもと》につながる地形だ。

そこに、珍皇寺、愛宕念仏寺、六波羅蜜寺の三寺が軒を接するように建っていた。町のなかに三つの寺があるのではなく、三つの寺のまわりに原野が展開していたというほうが正確だ。つまりここは町や村の一部ではなく、浮島《うきしま》のように独立した、別格の地域だったのである。

六波羅蜜寺を創建したのは、「市の聖」として民衆から尊敬された空也上人だ。麻《あさ》の衣に草履《ぞうり》ばき、首から吊るした鐘をうちながら念仏をとなえて市中を歩く空也上人の頭にあったのは、国家鎮護の仏教ではなく、庶民の魂の救済であった。

空也上人の彫像は六波羅蜜寺の宝物殿で拝観できる。やや開いた口先に見える六体の阿弥陀像は「南無阿弥陀仏」の六字を表わしたものである。

10

なぜ、三十三間堂《さんじゅうさんげんどう》は「二カ所に建てられた」のか

——千一体の千手《せんじゅ》観音に彩《いろど》られた謎の数々

【この章に登場する主な史蹟】

●三十三間堂《さんじゅうさんげんどう》建立にまつわる奇怪な伝説

ものごとには「はじまり」がある。

とはいっても、何にもない、ゼロからの「はじまり」はありえない。「はじまり」の過去といったものがあって、なにかの拍子で節目をむすぶと「はじまり」になる。

三十三間堂《さんじゅうさんげんどう》のはじまりは何であったかというと、後白河法皇《ごしらかわほうおう》が「頭痛持ち」だったからである。

法皇の頭痛について、こういう話が伝えられている。

〈前世における法皇は、紀伊《きい》の熊野権現《くまのごんげん》の行者《ぎょうじゃ》だった。

その行者が亡くなり、葬る人もないままに捨てられたドクロをつらぬいて柳の木が生《は》え、大木になった。

風が吹くたびに柳の木が揺れる。法皇が頭痛に悩まされるのはこれが原因なのである〉

柳の大木が頭をつらぬいていては、法皇が頭痛持ちになるのも当然だ。

頭痛の原因を法皇自身は知っていたのか、どうか、それは別として、法皇の熊野に対する信仰は常軌を逸していた。六十五年の生涯のうちに三十四回も熊野参詣をやったといえば、いかに猛烈だったかがわかる。

熊野信仰の熱が沸騰していたのはこの時代の特徴でもあり、白河・鳥羽《とば》・後白河《ごしら かわ》・後鳥羽《ごとば》の四代の熊野参詣は合わせて九十八回にのぼる。もちろん後白河法皇の三十四回が最多記録だ。

その三十四回というのも熊野本宮《ほんぐう》への参詣で、このほかに新宮《しんぐう》と那智《なち》へ十五回も参詣している。合わせて四十九回は異常というしかなかろう。

古来、熊野は畏敬《いけい》されてきた。

九州から大和《やまと》に移動する神武《じんむ》天皇の一行がこの熊野で強敵に遭遇する神話も、熊野に対する古代人の畏敬をものがたっている。

平安時代には、神仏習合思想の影響で呪術《じゆじゆつ》仏教の聖地になった。

京都からの方向感覚でいうと、けわしく深い山岳をきりぬけると、いきなり広大な太平洋になる。それは、はるか彼方《かなた》の海中にあるといわれる観音の霊場「補《ふ》

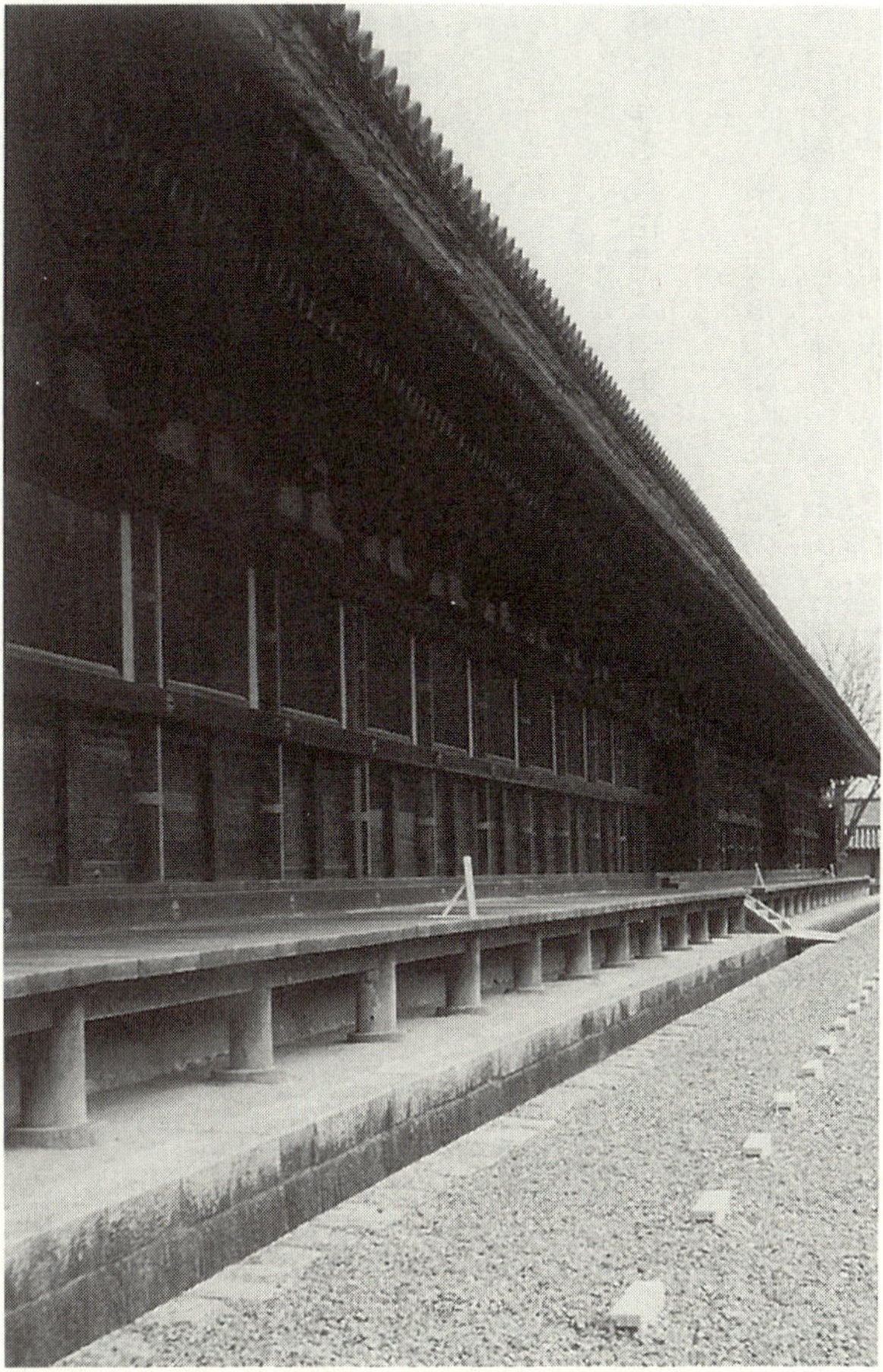

なぜ三十三間堂は建立されたのか

陀洛《だらく》の浄土」を思わせるに充分な環境だった。

そのうち、観音信仰に阿弥陀《あみだ》信仰が重なる。険《けわ》しい山、滝の神秘、そして広大な太平洋の組み合わせが熊野を「阿弥陀の浄土」として認識させた。

熊野は阿弥陀の浄土であるということになれば、参詣して浄土往生《じょうどおうじょう》しない手はない。先達《せんだつ》や御師《おし》の案内で、数知れぬ老若男女の群れが熊野をめざした。

法皇や上皇《じょうこう》の熊野行幸《ぎょうこう》は国政レベルでの熊野参詣だった。法皇がはるばる熊野まで行って祈れば、法皇自身はもちろん、庶民の浄土往生の可能性が一段とたかまると予想されたのである。

法皇や上皇の熊野参詣は、じつに重い使命感に支えられていたのだ。「お寺まいり」といった軽快な感じのものではない。

●なんと後白河法皇《ごしらかわほうおう》用の仏壇として建てられた!

さて、第二回目の熊野参詣のときに後白河法皇は千手《せんじゅ》観音の霊験《れいげん》に打たれた。法皇の観音信仰が本物であるのが補陀洛の浄土の熊野で認められた。

「これは、京都に熊野権現を勧請《かんじょう》せよとの託宣《たくせん》にちがいない」

新熊野《いまくまの》神社

新日吉《いまひえ》神社

後白河法皇が御所の鎮守として建立した二社

そのころ法皇は院の御所《ごしょ》の建築を計画していた。建築場所は法住寺《ほうじゅうじ》という寺の焼けた跡地に決定している。法皇は、新しい御所の鎮守《ちんじゅ》として熊野権現の祭神のイザナミノミコトを勧請してきた。これがいま三十三間堂の南（東海道線のレールよりさらに南）にある「新熊野神社」だ。今熊野神社と書いている本もあるが、新熊野と書いてイマクマノと読むのが正しい。

このあたりの地名は「今熊野」だ。新熊野→イマクマノ→今熊野という順序である。ややっこしい感じがするだろうが、会話ならすべてイマクマノですむわけだから、心配はない。

法皇が新熊野神社を建てたのは永暦《えいりやく》元年（一一六〇）のことだった。同時に法皇は、やはり院の御所の鎮守として、近江《おうみ》の坂本の日吉《ひえ》神社を勧請して「新日吉神社」とした。これもイマヒエと読むのが正しい。

院の御所の建築は新熊野神社と新日吉《いま》神社に守られてすすみ、永暦二年に完成した。七条大路をはさんで南北、東西ともに四町四方の、とてつもなく広大な院の御所、法住寺殿《ほうじゆうじどの》の出現である。

いまは七条通をはさんだ北側に国立京都博物館があり、相当に広い敷地だが、法住寺殿はこの敷地までふくんでいた。後白河法皇の絶大な権力と、熊野権現への信仰の深さの証明だ。

法住寺殿の仏堂として建てられたのが三十三間堂だ。

「あ、そうなの」

簡単に納得してもらっては気合が抜ける。

もっとおおげさに、「まっさかア、ウソみたい！」と驚嘆していただきたい。

なぜなら、法住寺殿は寺ではなくて、後白河法皇の政庁だ。政庁の仏堂は、民家でいえば仏壇や神棚、ビルディングの屋上の鎮守社に相当するものだ。

仏壇が三十三間堂なのだ。これに驚かないで、いったい何に驚くのか！

「さすがは法皇、金持ちだったんだなあ」と驚くべきところだが、じつを言うと三十三間堂建立の費用は平清盛《たいらのきよもり》が寄進したのである。

●もう一つあった荘厳華麗な三十三間堂

それまでにも平氏《へいし》は、法皇や上皇に対して次々と御堂《みどう》を寄進していた。

清盛の祖父の平正盛《まさもり》は、白河法皇に対して蓮華蔵院《れんげぞういん》を建立して寄進した。

白河法皇の御所は「白河殿」といい、いまの岡崎公園や平安神宮のあたりに建てられていた。南殿と北殿に分かれていて、正盛が寄進した蓮華蔵院は白河南殿のなかに建てられた。一丈六尺《じょう》の阿弥陀像が九体安置されたので、阿弥陀堂とも呼ばれた。

清盛の父の平忠盛《ただもり》は、鳥羽《とば》上皇のために得長寿院《とくちょうじゅいん》を寄進した。白河南殿の東、南北二町にわたる広大な敷地に得長寿院を建てた功績によって、忠盛は内裏《だいり》への昇殿を許された。つまり「殿上人《てんじょうびと》」になったのである。これが平家一門の政界進出のステップとなる。

現代政治の感覚からいえば、汚職以外のなにものでもない。御堂を寄進すれば、たとえ武士でも昇殿を許されるなら、政治は金持ちの意のままになってしまうではないか――と言ったところで、当時の政治には「公平」という概念は存在しない。「公平」の概念が厳として存在する現代ですら、公平が破られるのは日常茶飯事なのだ。まったく、どうしようもないのだ、政治家というものは！

それはともかく、得長寿院の本尊は一丈六尺の十一面観音だった。

それだけではない。

得長寿院の建物はどういうものであったかというと、柱と柱のあいだの部分が三十三もあって——そうなのだ、得長寿院も三十三間堂だったのだ。

建物が三十三間堂なら、なかに千体の観音像がなくては話にならない。得長寿院の十一面観音像の左右には、人身大の聖観音像がそれぞれ五百体ずつ並んでいた。

その次がまた盛大な話で、千体の聖観音像の胎内には、それぞれ千個の小さな仏像が納められていたという。千×千イコール百万の観音、ものすごい数字ではある。

いまわたしたちが三十三間堂と言っているのは、平清盛が後白河法皇のために建てたもので、清盛の父・平忠盛が鳥羽上皇のために建てた得長寿院の、いわば二代目であることがはっきりした。得長寿院も三十三間堂と言われたので、岡崎と今熊野とに二つの三十三間堂が併存した時期があるわけだ。

●〈三十三〉の数字に秘められた意味

ところで、千×千イコール百万プラス十一面観音というものすごい数字のことだが、このような「数は多いほどいい」という発想は、どこからきたものだろう?

まず、観音（正しくは観世音菩薩《かんぜおんぼさつ》）の性格の問題がある。

仏を最高の神として、仏のために衆生《しゅじょう》の苦難を救い、人間を済度《さいど》する仲介神が観音だ。わたしには仏教の歴史の詳しいことはわからないが、観音の登場は仏教史における画期的な事件だったにちがいない。

観音の登場以前は、苦悩を抱く者は激しい修行に耐え、あるいは善行をほどこすことによって初めて仏に認められ、苦悩から脱却する途《みち》を教えられることになっていたのだろう。

そこへ観音が登場した。

観音は、人間の苦悩を知っている。別の言葉で言うと、人間を「苦悩する生命体」として認識している。だから、観音は人間の苦悩を救おうと待ち構えていて、人間が合図すればすぐに飛んできてくれるのである。

しかし、である。

人間の悲しさというしかないが、人間は神を擬人化しないかぎりは実在のものとして信じられない。そこで観音を人間の形にして信じるわけだが、新しい問題が起こる。

観音さまの「手不足」という問題だ。

たった一人しかいない観音さまが他人の苦悩を救うために出かけた、その留守に自分が苦しむとすると、こっちはどうなるんだ、という深刻な問題だ。

そこを解決したのが観音の「化身《けしん》」、やさしく言えば「変身」ということで、法華経《ほけきょう》の普門品《ふもんぼん》に詳しく説明された。観音は三十三身に変身して人間を救う、という。

この三十三という数字が三十三間堂の三十三間になったのは言うまでもない。念のために書いておくと、三十三間堂の「三十三間」は長さが三十三間、つまり尺貫法でいう六尺の三十三倍あるというのではなくて、柱と柱のあいだの部分が三十三あるということだ。約百十二メートルである。

千という数字の詮索が途中になったが、これは「千手観音」に由来しているのかもしれない。

●人気を博した浄瑠璃《じょうるり》「三十三間堂棟《むなぎの》由来」

旧三十三間堂の得長寿院の創建は長承《ちょうしょう》元年（一一三二）で、それから三十二年後の長寛《ちようかん》二年（一一六四）に平清盛が、新三十三間堂を建立した。こちらの正式な名称は「蓮華王院《れんげおういん》」である。

得長寿院は文治《ぶんじ》元年（一一八五）七月の地震で倒壊し、再建されなかった。三月には長門《ながと》の壇《だん》の浦《うら》で平家が滅亡したばかりで、再建どころではない。新しい権力者の源氏は仏教といえば禅に夢中で、観音さまには魅力を感じていない。そういうわけで、新旧の三十三間堂の併存は二十一年で終わった。

新しい三十三間堂（現在の蓮華王院）の建立《こんりゆう》についても、後白河法皇にからむ伝説がある。

〈法皇の前身、熊野権現の行者のドクロをつらぬいて生えた柳の木の精が人間の女になり、「お柳《りゆう》」と名乗った。

法皇の御所をまもる北面《ほくめん》の武士の横曽根平太郎《よこそねへいたろう》はお柳と契《ちぎ》って、「緑丸《みどりまる》」という男の子を儲《もう》けた。

法皇は御所に三十三間堂を建てて観音を安置しようと計画し、堂の棟木《むなぎ》は端から端まで通った一本の木でなければならないと命じた。

長さが百メートルもの大木が探されたが、なかなか見つからない。

三十三間堂に安置された一千一体の千手観音《せんじゅかんのん》

（写真・交通公社フォトライブラリー）

熊野の山中に百メートルを超す柳の大木のあることがわかり、三十三間堂の棟木として伐《き》られることになった。

宿命を悟ったお柳は、いまはこれまでと覚悟を決め、夫と子に別れを告げて姿を消した。

さて、柳は伐られ、都に向けて運ばれたが、途中で動かなくなった。緑丸が柳に呪《まじな》いをかけ、音頭《おんど》をとると柳はかるがると動き出し、三十三間堂の棟木になった〉

江戸時代のなかごろの宝暦《ほうれき》十年（一七六〇）、大阪の豊竹座《とよたけざ》で「祇園女御九重錦《ぎおんにょうごここのえにしき》」という浄瑠璃《じょうるり》が初演された。その三段目が独立して「三十三間堂棟由来」となり、人気レパートリーになったのを要約してみた。

●本尊・千手《せんじゅ》観音はなぜ「楊柳《ようりゅう》観音」なのか

浄瑠璃のほとんどは、史実と伝説をミックスしたものと自由奔放な虚構との混在である。この「三十三間堂棟由来」にもさまざまの史実と伝説とが採用されているはずだ。

たとえば、後白河法皇と熊野権現信仰との関係は、史実そのものである。法皇の頭痛と熊野の柳の木の関係はもちろんフィクションだが、法皇の頭痛と柳の木のことは、古くから三十三間堂で行なわれている楊枝浄水供養《ようじじょうすいくよう》（楊枝のお加持）の行法《ぎょうほう》のなかに伝えられているのである。

この楊枝浄水供養はいまでも一月中旬の日曜に行なわれるもので、法皇が頭痛持ちだったことと、柳の枝を呪いに使うと頭痛が治るという信仰が前提になっている。

祈禱のすんだ水を柳の枝で信者の頭に振りかける、つまり灌頂《かんじょう》するわけだが、ほかの木の枝では駄目なのか、駄目だとしたら、なぜ柳なのか？

観音は三十三のスタイルに変身するが、そのひとつに「楊柳観音《ようりゅうかんのん》」がある。別名を「薬王観音《やくおうかんのん》」とも言い、右手に柳の枝を持ち、左手で「施無畏《せむい》」という印《いん》をむすんでいる。施無畏とは「畏《おそ》れるべき何物もない環境を施《ほどこ》す」という意味だ。衆生の、どのような願望にも応《こた》えてくれる自由自在の能力を、風のまにまにそよぐ柳の枝に喩《たと》えたものだ。

三十三間堂の本尊は千手観音だが、千本の手（実際には四十二本）が風にそよぐ柳の枝に似ているとして楊柳観音に見立てたのだろう。

この章の冒頭部に、後白河法皇の頭痛がことの「はじまり」だと書いたが、これもちろん、史実よりは伝説に属するとしたほうがいい。

絶大な権力をふるう後白河法皇だが、すべてが思いのままというわけではない。平家は何かと反抗するし、源氏を重く用いて平家を牽制《けんせい》しようとしたら、こんどはその源氏が全権をにぎりそうな気配だ。

法皇は「アタマガイタイ」のである。歴史的な頭痛に悩まされていたのだ。

楊柳観音や千手観音は〝千本の手〟が先だから、柳であればどこの柳でもかまわない理屈だが、それでは話のふくらみが出ないから、法皇と縁の深い熊野の柳ということになったようだ。三重《みえ》県熊野市の紀和《きわ》町楊枝に「楊枝薬師堂」という神社があって、頭痛に悩む法皇と柳の木の伝説をつたえている。

●千手観音一千一体、プラス一体の謎

三十三間堂の本尊は千手観音の座像だ。一丈一尺五寸の高さの檜《ひのき》の寄木《よせぎ》づくりである。千手観音といっても、千本もの手をつけるのはむずかしいし、粋《いき》でもな

い。四十二本で千本の手を表わすことになっている。

その左右に五百体ずつ、人身大の千手観音が並んでいる。座像の観音と合わせて一千一体となる。

ところが、である。

よく注意してみると、西廂の間にもう一体の千手観音が立っているのがわかる。これはかなり後になって追加されたものだろうと言われている。

ぜんぶで一千二体となるわけだ。

清盛の父の忠盛が建てた得長寿院には一丈六尺の十一面観音のほかに、人身大の聖観音千体が安置された。合わせて一千一体である。

『源平盛衰記《げんぺいじようすいき》』にも「備前守《びぜんのかみ》であった忠盛は鴨川《かもがわ》の東に三十三間堂を建てて鳥羽上皇に寄進し、一千一体の観音を安置し、報償として但馬《たじま》国を拝領した」と書いてあるから、一千一体という数字は正しいようだ。

清盛の三十三間堂が父忠盛の得長寿院をモデルにしたことははっきりしている。だから観音像も一千一体になったわけだが、後年になってもう一体の観音が追加されたのは、どういうわけなのか？

この謎の解明はむずかしい。回答不能というものだろう。

「得長寿院と同じではつまらん、あれを超えたい」という競争意識があって一体の観音が追加されたのかな、などと想像してみるのだが、前にも書いたように二つの三十三間堂が併存していたのはわずか二十一年にすぎず、新三十三間堂に一千二体目の観音が追加されたのはそれよりも後のことらしいから、この想像は当たらない。

●「弓の天下一」を決める〝通し矢〟の由来

浄瑠璃「三十三間堂棟由来」の主人公の横曽根平太郎は、弓の名人であった、という役柄設定になっている。

そしてこの浄瑠璃の幕切れは、三十三間堂での弓の競射である。

三十三間堂の「通し矢」と言われて、いまも行なわれている行事は、江戸時代の初期にはじまった。

新熊野神社に、梅坊《うめのぼう》という別当《べっとう》（僧官）がいた。

大変に弓が好きなお坊さんで、八坂《やさか》の青塚《あおづか》にあった的場に毎日のように通っては射的《しゃてき》を楽しんでいた。

その日も青塚の的場に行った帰り、三十三間堂の後ろで休んでいて、「フーム。この御堂の端から端まで矢を射通してみたら、面白かろうなア」

思いついたのも何かの縁と、さっそく射てみたのが最初だったと『都名所図会《みやこめいしょずえ》』に出ている。梅坊の成績はどうであったのか、よくわからないが、何本かは端から端まで射通したのだろう。これが「三十三間堂通し矢」のはじまりとなった。

そのころの三十三間堂はどんな状況だったかというと、妙法院《みょうほういん》の管轄《かんかつ》になっていた。もともとは法住寺殿の仏堂だったが、その法住寺殿がすっかり荒廃してしまい、三十三間堂だけが豊臣秀吉《とよとみひでよし》の保護で生き延び、方広寺《ほうこうじ》をへて妙法院の管轄になった。

戦乱の世も終わり、三十三間堂は「洛陽《らくよう》三十三観音めぐり」の第十七番として、たくさんの参詣人で賑わっていた。

梅坊さんが面白いことをやったという噂はたちまち広がり、慶長《けいちょう》十一年（一六〇六）に清洲《きよす》松平家の家来の浅岡平兵衛《あさおかへいべえ》という人が五十一本の矢を射通すのに成功して、記念の額を奉納した。

その額には自分の名前と矢数、そしてこれは推測だが、妙法院の住職が証人として署名したのではないかと思う。

ともかくも浅岡平兵衛の五十一本を最初として、三十三間堂の通し矢は武芸者が名誉をかける競争になった。記録を破った者が「弓の天下一」の名誉に輝くのである。

慶長十一年から天和《てんな》二年（一六八二）までの七十七年間に五四〇人が挑み、うち一四九人がそれぞれ千本以上を射通したことがわかっている。

●二十四時間で八千本以上を射通した若武者

「記録は破られるためにある」とはプロ野球関係者のあいだで言われだした言葉のようだが、三十三間堂通し矢の記録もまさにそうなった。

ルールが固まってくる。

弓を引くのは暮六《くれむ》つ（午後六時）から二十四時間。射手は双肌《もろはだ》ぬぎに白い晒《さらし》を巻く。介添役が控えて、矢を一本ずつ射手に手渡す。空腹になったら粥《かゆ》をすするぐらいは許され、薬を服《の》んでもいい。

記録が出たら妙法院から証明書が発行されるしきたりができたころには、なん

「通し矢」は妙法院の僧によって始まった

と一人の放つ矢は八千本という数字に達していた。失敗を二千本とみて合わせて一万本、一時間に四一六本、一分に七本ずつ射つづける計算だ。

驚嘆すべき体力、精神力だが、これにはもちろん射法や弓矢の改良がある。簡単にいえば実戦からスポーツへの転換で、鏃《やじり》を鉄から木製に変えたり、殺傷能力よりは命中精度を重視する技術が開発された結果だ。

技術や射法の変遷は、通し矢の性格そのものまで変えてしまう。

オリンピックの最初の精神は、戦っている国と国とが、たとえ一時的にでも戦闘を中止してスポーツや芸術を披露しあうことにあった。だがそれもいまは、国家によって育成されたプロまがいの選手が「国家の名誉」というやつをかけて、戦うというよりは「戦わされる」感じになってきた。

三十三間堂の通し矢もそんなふうになってきて、尾張《おわり》藩と紀州《きしゆう》藩との壮絶な競争が展開された。どちらも徳川家康の子を初代藩主とする関係から、ことごとに張り合う。

寛文《かんぶん》二年（一六六二）、尾張の星野勘左衛門《ほしのかんざえもん》が六千六百六十六本を射通して記録を更新し、「天下一」の額をかかげた。六並び数字で弓を置いたわけだ。六年後に紀州の葛西園右衛門《かさいそのえもん》が七千七十七本と七並びの記録をあげ、その翌年が大変な騒ぎになった。

尾張の星野は「八千」と大きく染め抜いた幟《のぼり》を三十三間堂のまわりに張りまわして射撃をはじめ、六時間の余裕を残して予告の八千本を射通した。

「星野どの、まだ時間は残っておるぞ！」

「わかっておりますが、これ以上は後《のち》の人の励みに残しておきましょう」

紀州のほうでは、星野の言葉は挑戦としか聞こえない。

「誰か、おらんか！」

つわものを探すが、八千本となると、そうは名人がいるものではない。切歯扼腕《せっしやくわん》のうちに十数年がすぎ、貞享《じょうきょう》三年（一六八六）になって二十四の若武者、和佐大八郎《わさだいはちろう》の登場となる。

結果はどうだったかというと、一万三千五十三本を発射して八千百三十三本を射通したという。講談では、気力の弱った大八郎のところへライバル星野が駆けつけて鬱血《うっけつ》を散らしてやったという美談に仕上がっている。

その後は通し矢の行事もすたれたから、和佐大八郎の記録が史上最高記録であり、紀州はめでたく尾張に勝ったことになった。

明治になって若林素行《わかばやしそこう》という人が四千四百五十七本の記録をあげたが、その後がつづかなかった。

いまでは毎年一月十五日頃、堂の外の矢場で「大的《おおまと》全国大会」が行なわれる。成人式を祝う行事であり、新しく大人になった若者の初々《ういうい》しい射手姿が華やかな印象をあたえる。

またこの日は一月中旬からはじまっていた楊枝浄水供養（柳の加持《かじ》＝柳への祈禱）の最終日でもあり、頭痛よけの御利益《ごりやく》をもとめて、ずっとむかしに成人となった人もたくさん詰めかけて、賑わう。

11

なぜ上皇《じょうこう》の寵姫《ちょうき》・松虫《まつむし》、鈴虫《すずむし》は出家したか

――後鳥羽《ごとば》上皇を激怒させた男の正体

【この章に登場する主な史蹟】

松虫・鈴虫の悲劇を今に伝える〝安楽寺《あんらくじ》〟

●源氏の猛将が、なぜ出家したのか

このころ、「末法の世になった」という恐怖が世を覆《おお》っていた。

仏教では人間の歴史を三段に分けて考える。シャカの入滅後の「教《きょう》・行《ぎょう》・証《しょう》」の三法すべてが揃っている時期を正法《しょうほう》時といい、「証」が欠けてくる時期を像法《ぞうほう》の時期といい、「教」のみが残って「行・証」の欠ける時期を末法《まっぽう》という。末法の時期を過ぎれば、もはや破滅である。その時代を滅法《めっぽう》の時代といった。

世はすでに末法になったという恐怖は貴族社会からはじまったものだが、しだいに庶民階層をも包み込んできた。武士が政治的勢力を増してきて、従来の政治秩序を破壊しつつあったのが背景になっている。

自分は来世に往生できるのか？

人間個人個人の魂の救済について、はっきりした途《みち》を示す宗教が求められていた。法然はそれを求めて悩み、ついにそれを「専修念仏」のなかに発見したのである。

阿弥陀仏を信じて、ひたすら「南無阿弥陀仏」の念仏をとなえること、そのほかに来世での魂の救済はないという主張、それが「専修念仏」ということだ。

阿弥陀仏のほかには何も信じない、念仏のほかの手段にすがらない、それが「専修」ということの意味である。唯一のものを頼り、それ以外のすべてを放棄する決断だともいえる。

「ただ念仏だけしていれば往生できる」

法然は、この言葉だけを教えた。

具体例を示そう。

源氏の猛将として名を知られた熊谷直実《くまがいなおざね》は、一《いち》の谷《たに》での平家との合戦で、我が子と同年の平敦盛《たいらのあつもり》を討ったことから武士の人生に無常を感じた。出家の思いをいだいて、すでに名の高い法然のもとを訪ねた。

法然を待つあいだ、突然直実は腰の刀を抜いて研《と》ぎ出した。

「あなたは、御上人さまの前で何をなさるつもりか！」

驚き、咎《とが》める人々に、直実は必死の面持《おもも》ちで弁明した。

「わたしは武士として、たくさんの人の命を奪いました。後生《ごしょう》のことが恐ろしいのです。もし法然上人さまが、切腹すれば往生できるとおっしゃるなら、すぐにこの場で、と……」

そこへ出てきた法然は、直実に向かってゆっくりと教えた。

「この世の罪と往生とは、なんの関わりもないのです。ただただ念仏する、そのほかにはないのです」

直実は晴々とした顔になり、すぐその場で法然の弟子になった。

●民衆から支持された法然《ほうねん》の危機

法然の専修念仏は、人間個人の魂の救済を課題とするもので、国家を相手にはしない。たとえ天皇に専修念仏の途《みち》を説くことがあっても、それはあくまで天皇個人を相手にしているのであり、天皇という身分や地位ではなく、まして国家ではない。

これは、国家鎮護という名目をかかげ、国家に覆いかぶさることで発展してきた既成仏教の根幹を揺さぶるものだった。

もうひとつ、ある。

既成仏教でも往生を課題としたが、それは、人間業《わざ》を超える激しい修行に耐えた特別の人だけが往生できるとするもので、一般人には無縁のものだった。

法然の専修念仏では女性でも救われる。犯罪人でさえ、念仏をとなえるかぎりは平常者と平等に扱ってもらえる。既成仏教からは相手にしてもらえなかった武士や一般庶民も相手にしてもらえる。既成仏教の僧侶のなかにさえ、法然に興味をもって法話の席にやってくる人が少なくなかった。

既成仏教の諸派が妨害するのは当然といえた。放っておけば、自分たちの仏教が存在する基盤も理由もなくなってしまうからだ。

元久《げんきゆう》元年（一二〇四）十月、最初の本格的な妨害運動が起こった。

延暦寺の僧が集まり、法然の専修念仏を停止すべしとした決議を天台座主《てんだいざす》（延暦寺の長）に提出したのである。法然の弟子たちが横暴な行動をしている、というのが口実になっていた。

このときは法然が、弟子僧たちの自粛を求める「七カ条の制戒《せいかい》」を書いて天台座主に提出し、なんとか危機を切り抜けた。

ところがその翌年、奈良の興福寺《こうふくじ》が後鳥羽《ごとば》上皇に念仏停止を訴えて出たのである。

●女性の人気を一手に集めた念仏僧・安楽

興福寺の非難は法然の二人の弟子僧、法本房行空《ほうほんぼうぎょうくう》と安楽房遵西《あんらくぼうじゅんさい》を名指しで非難することまでも含んでいた。

なかでも安楽房は、「六時礼讃《ろくじらいさん》」の声と拍子のよさで女性の人気を一手に集めていたという。六時礼讃とは一日に六回、即興のリズムとメロディで阿弥陀仏を礼拝し、讃《たた》える行事のことだ。一同で宗教的エクスタシーを味わうのである。

安楽房遵西という、新しい民衆宗教の大スターの誕生だ。

民衆の拍手喝采、感激の噂が日に日に高まるにつれ、その裏では反感と嫉《ねた》みの声が起こり、妨害のための、あること、ないことのスキャンダルが生まれる。

たとえば、こういう噂が起こった。

「念仏の行者になれば、女を抱いても肉食をしても阿弥陀仏は少しもお咎《とが》めにならず、念仏する者なら誰でも平等に浄土に迎えてくれるそうだ」

天台座主を三度もつとめたことのある慈円《じえん》の『愚管抄《ぐかんしょう》』に出てくるエピソードだ。

天台座主をつとめたといっても、慈円自身は念仏を正面から非難する姿勢をとったことはなく、実の兄で右大臣の九条兼実《くじようかねざね》は法然の念仏運動を熱心に支持した人だから、『愚管抄』の歴史観は公平なものとみていい。

「念仏の行者になれば女も抱ける、肉も食える」

こういう噂が生まれたのは事実であったろうし、念仏僧のなかには、そんなふうに教唆《きようさ》する行き過ぎもあったろう。

『愚管抄』はまた、こういう話も紹介している。

後鳥羽上皇の御所の伊賀局《いがのつぼね》という女房や、仁和寺《にんなじ》門跡の生母の坊門局《ぼうもんのつぼね》といった高貴な女性たちまで、安楽の美貌と美声の魅力の虜《とりこ》になった。ひそかに安楽を呼びよせて念仏の法話を聴くようになり、そのうちに「あたしも、あたしも」という次第で宮廷女性の参加者が増え、いつしか安楽は御所に泊まることにもなってしまった、と。

●寵愛する女二人の出家

興福寺から後鳥羽上皇に対して、念仏運動を停止《ちようじ》させるべしとの訴えがあった建永元年（一二〇六）十二月、上皇が熊野参詣で京都を留守にしたとき、やはり鹿ケ谷《ししがたに》の道場で安楽房と住蓮房の六時礼讃がひらかれ、御所の女房たち数人が参加した。

いつにもまして感動的な儀式が終わると同時に、二人の女房が出家を申し出て尼になってしまったのである。

熊野から帰って事件を知った上皇は、激怒した。宮廷のなかにも九条兼実のように法然の専修念仏の支持者がいることもあって、後鳥羽上皇は念仏に対して強い否定の姿勢はとってはいなかった。

しかし、寵愛する女房が二人までも、無断で念仏の尼になったのを許すわけにはいかなかった。二人の女房をとらえて処分し、安楽房と住蓮房は処刑、法然は弟子の罪に連座して土佐《とさ》へ流罪という厳しい処分を下したのである。

もちろん浄土宗としては、安楽房と住蓮房の無罪を主張している。この二人が無罪ならば、処分された二人の女房も無罪である。

このときから約百年後につくられた法然の伝記絵巻『法然上人絵伝』では、鴨川の六条河原で首を斬られる安楽房の姿が描かれている。老若男女《ろうにゃくなんにょ》がつめかけて悲しむなか、安楽房は西方の浄土に向かって最後の念仏をとなえている。

浄土宗の開祖・法然が建てた〝法然院《ほうねんいん》〟

あたりに紫雲がたなびいているのは、処刑された安楽房の浄土往生は確実なことを主張しているのである。住蓮房は近江《おうみ》で処刑されたという。

●なぜ松虫・鈴虫の名が記録にないのか

さて、後鳥羽上皇の怒りにふれて二人の女房が処罰をうけた。

そこまではわかったのだが、それはいったい何という名前の女性だったのか、そのあたりが判然としない。処罰の内容もはっきりしていないが、おそらくは追放処分であって、体刑にはいたらなかったのだろう。これも推測にとどまるのだが。

伝説では「松虫と鈴虫」であったと、名前がはっきりしている。名前がはっきりしなければ伝説は誕生しないのだが、といって、事件のなかでは松虫という名も鈴虫という名も登場しない。

名前が出てこないからといって松虫、鈴虫という女性はいなかったのだとは言えないけれど、印象としては、松虫と鈴虫という名は、いきなり登場してくる。

松虫と鈴虫は処罰された。だから、上皇に無断で尼になったのは松虫と鈴虫であると推測してもいいわけだが、それほどの事件を起こしたのだから記録に名が残っていてもおかしくないのに、残ってはいないらしい。

これといった史実をつかんでいるわけではないから断言はできないが、なにやら裏工作があったにちがいないと、疑えば疑える状況ではある。

すぐに頭に浮かぶのは、「二人は側杖《そばづえ》をくわされたのではないか」という疑問だ。

松虫とか鈴虫といった名前は下級の女房のものであろう。伊賀局や坊門局に仕《つか》えていた女性だったにちがいない。

事件の責任は伊賀局や坊門局にある。

松虫や鈴虫がいかに安楽房の美声に魅惑されたにしても、御所に呼ぶことはもちろん、泊めてやることなんか絶対にできるわけがない。

二人には絶対に不可能なことが、伊賀局や坊門局ならできるのだ。

伊賀局は白拍子（遊女の一種）出身で、もとの名を亀菊《かめぎく》といい、上皇の寵愛を一身に集めていた。子供は産まなかったようだが、摂津《せっつ》国に二カ所も領地をもらっている。

坊門局は内大臣藤原信清《のぶきよ》の娘で、上皇とのあいだに道助《どうじょ》親王を産んだ。この親王が仁和寺門跡の道助法親王になったわけだ。

つまり伊賀局と坊門局は、女房のうちでも格別の大物だ。そして、宮廷というところは何から何まで世間の常識とは掛け離れて運営されているから、大物であればあるほど責任を問われないのである。

上皇に無断で出家したのが伊賀や坊門の局であったのか、それとも松虫と鈴虫なのか、それを問題にしても意味はない。

尼になったのは松虫と鈴虫だとしても、そういう環境をつくって楽しんだ伊賀や坊門の局のほうがはるかに罪は重いはずだが、処罰されることはないのである。

しかし、犯人を出さなくては事件が決着しない。だから松虫と鈴虫の二人が処罰されたのだ。

これは余談だが、後鳥羽上皇といえば鎌倉幕府の打倒を企《くわだ》てて敗れ（承久の乱）、隠岐《おき》に流された人だ。乱のきっかけに伊賀局がからんでいる。幕府が伊賀局の二カ所の庄園に地頭《じとう》を配属すると決定し、上皇がそれを拒《こば》んだので戦端がひらかれたのである。

後鳥羽上皇は隠岐で十八年を過ごし、京都に帰ることのないままに亡くなるが、その側には伊賀局が連れ添っていた。

●なぜ広島にも同じ伝説があるのか

「京都だけじゃないよ。松虫と鈴虫の伝説なら、こっちにもあるんだ」

そう言われる人があるはずだ。広島県尾道《おのみち》市瀬戸田《せとだ》町御寺《みてら》の光明三昧院《こうみょうさんまいいん》（光明坊）のことを知っている人々である。

光明坊の松虫鈴虫伝説は、こういうものである。

後白河《ごしらかわ》法皇の皇女のひとりが出家して、如念尼《じょねんに》という尼になった。

如念尼がこの光明坊に参籠《さんろう》したときに、以前は後鳥羽上皇の女官だったという松虫と鈴虫の二人の尼がお供《とも》をしてきた。三人はここで寿命を終わり、それぞれの墓が建てられたという話である。

もう少し伝説の筋を追ってみよう。

如念尼が光明坊に籠《こ》もっているのを、父の後白河法皇は知らなかったらしい。

それがなぜ知られることになったのか？

三人が心を込めて阿弥陀如来に祈っていると、如来像が燦然《さんぜん》と不思議な光を発した。その奇瑞《きずい》が法皇の耳に届き、法皇から光明坊に「光明三昧院」の勅額が下《くだ》され、この寺のある生口《いくち》島全体が寺領として寄進されたという。

伝説はまだ続く。

讃岐《さぬき》に流されていた法然が、如念尼の招きによってこの光明坊を訪れたことがあるというのだ。法然の流罪地は土佐と決定されたが、のちに讃岐に変わった。処分が軽くなったわけである。

光明坊に滞在していたとき、法然は自分の像を刻んで残した。

後年、ある人が像の霊験《れいげん》を疑い、像の胸に刃を当ててみた。傷口からは血があふれ出たが、像の様子は少しも変わらなかったので、この木像は「流血の御木像」と言われることになったという。

法然が讃岐にいたのは約八カ月で、まもなく許され、摂津を経て京都にもどった。讃岐から生口島や三原《みはら》は近いが、法然がそこに足跡を残したことはないようだ。

それは、どうでもいい。

広島県の三原市にある大善寺《だいぜんじ》にも法然と松虫、鈴虫の伝説が残っているのだ。

この大善寺には「松虫の鉦鼓《しょうこ》」という宝物があり、伝えられるところによれば、法然が讃岐に流されていたとき松虫と鈴虫が、この青銅製の皿型の楽器である鉦鼓で慰めた、という。

なぜ松虫と鈴虫は、京都から遠い広島県に伝説を残したのか？

この伝説の主人公は法然ではなくて、如念尼・松虫・鈴虫の三女性だと思う。如念尼の素性もモデルもはっきりしないが、父の後白河法皇が平家の女性の滋《しげ》子《こ》とのあいだに高倉《たかくら》天皇を産んでいることに注目したい。

高倉天皇と平徳子《たいらのとくこ》（清盛の娘）とのあいだに生まれたのが安徳《あんとく》天皇で、長門《ながと》の壇《だん》の浦《うら》で平家一族とともに海中に身を投げて滅んだ。

生き残った平家ゆかりの人々も、厳しい残党狩りの目をかすめる苦労を強《し》いられた。如念尼とは、平家のこの悲劇を擬人化したものではないだろうか。つまり「平家落人《おちゅうど》伝説」の変種ではないかと思うのである。

●俊寛僧都《しゅんかんそうず》が目をつけた鹿《しし》ケ谷《たに》の静寂

法然院や安楽寺のある鹿ケ谷あたりの風景は、静寂の一語に尽きる。

江戸時代のなかごろにはすでに、この静寂を何よりも貴重なものとする見方が生まれていたようだ。

「この地は松風粛然《しゆくぜん》として、つねに鉦《かね》の音絶えず。六時礼讃の声は幽谷《ゆうこく》に谺《こだま》し、寂寥《せきりよう》として峰の月ほがらかなり。廬山《ろざん》の白蓮社《びやくれんしや》ともたとえられて、清浄無塵《むじん》の仏界なり」（『都名所図会』）

お寺のほかには、ほとんど人家もない。こういう場所が人目を避けるに適しているのかどうかは、むずかしい問題だ。人目がないから身を隠しやすいという面はあるが、人目が少ないからこそ目立つおそれもある。

とにかく、ここならば秘密の会合をもっても安全だと判断したのが俊寛《しゆんかん》という僧であった。法勝寺《ほうしようじ》の執行職（総務）をつとめていた俊寛の山荘が、安楽寺からずっと東にのぼった谷にあった。

安楽寺の南に〝谷《たに》の御所《ごしよ》〟と呼ばれ、椿《つばき》の寺として知られる霊鑑寺《れいかんじ》があり、その辻に「俊寛僧都《そうず》山荘跡」の石碑が建っているから、坂道をぐんぐん東にのぼっていく。

舗装の尽きるところから左手に入り、「七曲り」といわれる山道を数百メート

「静寂」の一語に尽きる鹿ケ谷《ししがたに》周辺

ルのぼると「楼門《ろうもん》の滝」に出る。このあたりが俊寛の山荘跡だったと言われ、滝の上に「俊寛僧都忠誠之碑」が建っている。

俊寛や大納言《だいなごん》の藤原成親《ふじわらのなりちか》、藤原師光《もろみつ》、藤原成経《なりつね》、そしてときには後白河法皇も加わって平家打倒の策を練ったのがこの山荘であった。治承元年（一一七七）のことだ。

そのころの鹿ケ谷のことを、『平家物語』は次のように描写している。

「うしろは三井寺《みいでら》につづきて、ゆゆしき城郭にてぞ、ありける」

人目が少ないことに加えて、背後には三井寺（園城寺《おんじようじ》）の大勢力が控えている。京都から見ると「谷の行きどまり」という感じだが、三井寺のほうから見れば鹿ケ谷は前進基地なのである。

政治的な意味からすれば、この条件のほうが大切にされたのであろう。つまり俊寛たちは「三井寺の勢力範囲のなかだから安全だ」という気持ちで秘密の会議を続けていたにちがいない。

その結果がどうなったか——あまりにも有名な話だから詳しくは書かないが、とにかく平家打倒の密謀は露顕し、俊寛は遠い薩摩《さつま》の鬼界島《きかいがしま》に流されてしまうのだ。

〝谷の御所〟と呼ばれる〝霊鑑寺《れいかんじ》〟

12

怪僧・文覚《もんがく》が神護寺《じんごじ》を再興した理由

——多くの〝怪異〟と〝伝説〟を遺した男の正体

【この章に登場する主な史蹟】

●空海《くうかい》の「硯石《すずりいし》」伝説を生んだ神護寺《じんごじ》

神護寺《じんごじ》の正しい姿、あるべき姿とは何であるか？

質問にこたえてもらうには、とにかく神護寺に行かなくてはならない。

バスの「高雄《たかお》」停留所で下車し、まず清滝《きよたき》川の谷底に降りていく。朱塗りの橋は「高雄橋」という名がついているそうだ。橋の手前の石碑には「女人《にょにん》禁制」と彫ってある。

橋を渡るとすぐに登り坂。坂の前には正安《しょうあん》元年（一二九九）の年号を刻んだ、わが国でも最古のものではないかといわれる下乗石《げじょういし》が建つ。

そんなに長い坂ではないが、きつい。カーブのところにデーンと坐っているのが弘法大師空海にまつわる「硯石《すずりいし》」だ。

空海が神護寺で修行していたとき、嵯峨《さが》天皇が金剛《こんごうじょう》定寺という寺の門額を書かせようと勅使《ちょくし》をつかわした。

清滝川は折りからの五月雨《さみだれ》で増水していて、勅使は渡れない。

「こちらにお渡りにはおよびませせぬ。金剛定寺と書けばよろしいのですな？」

「いかにも、さようじゃが……」

「それでは……ええいッ」

空海は筆にたっぷりと墨をふくませ、宙をカンバスとして筆をふるった。墨は雲霞《うんか》となって飛び散り、はるか彼方の金剛定寺の門額が書きあげられた。そのとき使ったのが、この硯石だったという。

硯石からまっすぐに、絵ハガキや写真でおなじみの神護寺の急坂だ。迂回路もあるらしいが、身体の事情の許すかぎりはこの坂を登るべきだ。

喘《あえ》ぎつつ急な坂を登っていると、こんな疑問が湧いてくる——いったい、なぜ、こんな険《けわ》しいところにお寺をつくったんだろうか。もっと手近なところなら、どんなにありがたいことか！

さて、金堂《こんどう》にたどりつき、一息ついたら、考えていただく——自分はいま何を欲するか、と。

「ほかの人は、みんな帰ってくれ！　俺ひとりでこの静寂を楽しみたいんだ」

これが正解。

高雄山《たかおさん》神護寺には、いわゆる参詣人の姿はふさわしくない。参詣人がやってくることを予想も期待もしていない。

高雄《たかお》橋手前の「女人禁制」の石碑

それならいったい、神護寺とは何であるのか？

●なぜ険《けわ》しい山奥に建てられたのか

真言密教の目的というか、理想とは何かというと、国家の安泰である。真言密教によって完璧に治められた国家日本、それを広大な伽藍《がらん》として表現したのが神護寺なのだ。

完璧に治められた国は雑音も、人や動物の体臭もない、完璧な静寂の世界のはずだ。

そこへ、参詣人といえば名は美しいものの、雑音や体臭をまきちらすしか能のない人間が詰めかければ、たちまち静寂は破られてしまう。神護寺が神護寺でなくなってしまうのだ。

雑音を出さず、体臭も発散しなければ問題はないわけだが、そんなものは人間とはいえない。雑音を出さず体臭をまきちらさない人間を考えるよりは、神護寺から人間の姿を消してしまうほうがすっきりする。

庶民の信仰なんかに頼らなくてもやっていける、いや、頼ってはいけないのが神護寺本来の姿なのだといえば、わかりやすくなるだろうか。

険しい山の奥につくられているのは、神護寺から庶民に出されたサインなのだ。

「なまじ下界にあると、『参詣しなくては……』などと思わせ、迷惑をかける。押しかけられるのはこっちも迷惑だ。おたがいの誤解と迷惑を避けるために、わざと高い山の上につくったんだよ」

●延暦寺《えんりやくじ》をライバル視した神護寺

神護寺の歴史は複雑である。

この地には奈良時代末期に建てられた愛宕五坊《あたごごぼう》があり、そのひとつに「高雄山寺」があった。高雄山寺は和気《わけ》氏の氏寺《うじでら》として和気清麿《わけのきよまろ》によって建てられたともいわれる。

長岡京の建設を中止して平安京への遷都を推進したのがほかならぬ清麿だから、清麿が愛宕五坊の創立者だとすれば、これは平安遷都の伏線となったものかとも思われる。

これとは別に和気清麿は河内国（大阪府）に「神願寺」という寺を建てていた。しかしこの地は、真言密教の道場としては適当ではないことがわかり、清麿の息子の広世《ひろよ》と真綱《まつな》の兄弟が朝廷に願い、高雄山寺と合併することを許された。はじめのころは「神護国祚真言寺《こくそしんごんじ》」といったが、上の二字をとって神護寺の名になった。

平安遷都は神護寺の最盛期到来を意味したが、それも不思議ではない。なぜなら、平安遷都のプランを立て、桓武《かんむ》天皇をして遷都を決行させたのが神護寺創立者の和気清麿その人であったからだ。

清麿の立場で言うと、まず神護寺を創立して山城国愛宕郡の清浄と安全とを確保しておき、そこへ都を迎えたということになる。

さて、高雄という山の位置に注目してほしい。そして、なぜここに神護寺が建てられたのか、その意味についてじっくりと考えていただきたい。

高雄だけに注目していると正解は出てこない。地図というものは土地と土地との相関関係を示すもののはずだから、目を広角レンズにして、広角レンズの視野の一隅に高雄をおき、そうして――そうです、そのとおり！

高雄山と比叡山《ひえいざん》との位置関係に気がつけば、それがもう正解そのものだ。高雄

空海《くうかい》の偉大さを伝える〝硯石《すずりいし》〟

山、比叡山、そして平安京の内裏とは、二等辺三角形のそれぞれの頂点にある。

神護寺と延暦寺との関係は、ふつう考えられているよりははるかに微妙、かつ緊張したものであったにちがいない。

最澄《さいちょう》が比叡山に薬師堂を建て、みずから刻んだ薬師如来を安置したのが延暦《えんりやく》寺《じ》の誕生であり、延暦七年（七八八）のことだ。

この年に和気清麿は、五十五歳。神護寺の前身たる高雄山寺はすでに建立されていたと推測されるが、最澄と延暦寺に対するライバル意識をおおいに刺激され、高雄山寺の権威を高めることに意欲を燃やしたにちがいない。

河内の国に建てた神願寺を高雄山寺と合体させる計画は、この時点で、和気氏の勢力伸長のための最重要戦略の二大眼目の一つとして決定されたのではなかろうか。

もう一つの眼目は、いうまでもない、平安京の誘致だ。

比叡山の山頂も延暦寺の正式な所在地も滋賀《しが》県大津《おおつ》市であって、京都市ではない。だからというわけではないが、延暦寺は琵琶《びわ》湖に顔を向けていて、背中で京都を守っている、といった印象が強い。『梁塵秘抄《りょうじんひしょう》』の今様《いまよう》歌が「琵琶湖は天台《てんだい》薬師《やくし》の池」と率直に唄っているとおりなのだ。

急な石段の上に聳《そび》える神護寺の山門

それに対して神護寺は、京都を腹に抱えて守っている。おおげさに言うと、上から京都を睨《にら》みつけ、被《おお》いかぶさる姿勢で守っている。直接的であり、かつ具体的だ。

●無名僧・空海が最澄《さいちょう》を凌駕《りょうが》した理由

「大師《だいし》は弘法《こうぼう》に取られ、菩薩《ぼさつ》は観音に取られ……」という諺《ことわざ》があるそうだ。朝廷から「大師」の号をおくられた高僧は何人もいるのに、大師といって真っ先に連想されるのは弘法大師空海だ、という意味である。

最澄も「伝教大師《でんぎょうだいし》」というれっきとした大師なのだが、まさに「大師は弘法に取られ」で、大衆の人気ではどうしても空海にはおよばない。

なぜ「弘法」は「伝教」を圧倒したのか？

空海といえば東寺《とうじ》、最澄といえば延暦寺だが、二人の対立では神護寺が重要になってくる。

延暦二十一年（八〇二）、比叡山を降りた最澄は、まだ高雄山寺といっていた神護寺で天台の妙義を説き、奈良の諸寺院からきた学僧に衝撃を与えた。南都

（奈良）の仏教を「旧仏教」として批判する思想運動の第一矢は、この神護寺において、最澄によって放たれたわけだ。

延暦二十三年に最澄は唐に渡り、唐の高僧に天台《てんだい》教義を学び、大乗戒《だいじようかい》を受けて翌年に帰国する。そしてまたこの神護寺で初めて弟子に真言《しんごん》を伝えた。南都の仏教を旧仏教として批判し、天台と真言の新仏教をひろめる運動の先頭を切ったのは、空海ではなくて最澄だったのだ。

空海と最澄とは同じ遣唐使に随行して唐に行ったのだが、資格はちがっていた。

最澄の肩書は「還学生《げんがくしよう》」である。これは、すでに立派な僧の修行を遂げた者が仏教の本場の唐にわたって最後の仕上げをして帰ってくるという立場だった。だから留学期間も短期とされていた。

これに対して空海の肩書は「留学生」である。期間もおよそ二十年とされ、仏教の基礎から学んでくることになっていた。

二人が唐に出発する時点では、最澄は有名な僧、空海は修行中の無名僧だった。

さて、空海は遠く長安《ちようあん》（西安）に行き、青龍寺《せいりゆうじ》の恵果《けいか》から「伝法阿闍梨《あじやり》位」

の灌頂を受けて帰国した。伝法阿闍梨位の灌頂を受けたのは、空海が真言密教の正系を継承する僧として認められたことを意味する。

　空海と最澄との留学の成果は、どう違うのか。わかりやすく言うと——この、わかりやすく、というのがじつはいちばんむずかしいことなのだが——最澄は天台教義の奥義《おうぎ》をきわめ、密教のことはほんのすこし、駆け足で学んできた。

　これに対して空海は真言密教を本格的に研究したうえで、それを広める資格も獲得して帰ってきた。

　空海は最澄より一年半ほど遅れて帰国したが、京都にもどることを許されず、三年ほどは九州にいた。ようやく京都にもどれたその裏には、朝廷に対する最澄の働きかけがあったといわれる。

　この四年半のあいだに、「大師は弘法に取られ」といわれる情勢逆転の契機が生まれていた。

　それは、何であったか?

　桓武天皇の気力、体力の弱まりである。

　日常のほとんどを床のなかで過ごすまでになっていた桓武は、ひたすら呪法《じゆほう》や祈禱《きとう》に頼ることで慰めとしていた。

そこへ最澄が、唐の国から最新かつ純粋の密教を学んで帰国した。密教イコール呪法とは断言できないが、密教には呪法が体系化されている。

「最澄よ。お前が学んできた最新の密教の法力で、この苦しい病から救ってくれ！」

「ははっ。しかし……」

私が真剣に学んできたのは天台の教義であります。いまさら密教などとは、あれは古臭い呪法にすぎませぬ——こう言いたいが、言えない。

最澄の苦悩を知らぬ桓武は、帰国後三カ月という早い時期に神護寺で、密教でもっとも重要な儀式の灌頂をさせたのである。

密教がブームになった。

そこへ空海が帰ってきたのだ。どういう結果になるか、言うまでもなかろう。両者の関係は逆転し、ついに最澄が空海に伝法阿闍梨位の灌頂伝授を要請するという、思いもかけぬ事態になった。

●袈《け》裟《さ》御《ご》前《ぜん》との恋に破れた荒法師《あらほうし》

神護寺は空海によって、真言宗の寺として大発展をとげる。空海の後の真済《しんぜい》によって伽藍《がらん》は広大荘厳になり、いまになお残る多数の国宝級の仏像と備品が集まった。

それが二度の火災によって急速に衰えてしまう。『平家物語』によると、神護寺の荒廃はまったくひどいものだった。

「久しく修造なかりしかば、春は霞《かすみ》に立ちこめられ、秋は霧にまじわり、扉は風に倒れて落葉の下に朽《く》ち、甍《いらか》は雨露に犯されて仏壇さらにあらわなり。住持《じゆうじ》の僧もなければ、稀《まれ》に差し入るものとては月日の光ばかりなり」

言語に尽くせぬほどに荒廃した神護寺を再興した人がいる。袈《け》裟《さ》御《ご》前《ぜん》との盲目的な恋に破れて出家《しゆつけ》した荒法師《あらほうし》、といえばすぐ連想される文覚上人《もんがくしようにん》である。

なぜ文覚は神護寺の再興などという、面倒きわまる事業に手をつけたのか？

そのまえに、文覚の前半生を整理しておこう。

僧になる前は遠藤盛遠《えんどうもりとお》といい、上西門院《じようさいもんいん》統子の北面《ほくめん》の武士だった。袈裟御前に横恋慕《よこれんぼ》するまでは、これといったエピソードもないらしい。

上司の源渡《みなもとのわたる》の妻、袈裟御前に横恋慕してから運命の歯車が逆転する。

「わたくしを、それほどまでに……それならまず、夫を亡《な》き者にしていただかなくては」

袈裟の指示にしたがって源渡を斬り殺した――と思ったら、それは夫の姿に化けていた袈裟御前その人だった。大変なことになったものである。

ここで、ちょっと遠回りする。

この伝説の精神は「妻の貞操」ということだ。盛遠の恋を受け入れて夫を裏切るぐらいなら死んだほうがましという「貞操厳守」が伝説の柱になり、今日まで人気を保っているわけだ。

――平安時代に「妻の貞操」なんていう観念があったの？　自由恋愛が主流だったって聞いてるけれど？

当然の疑問だが、ここでは主人公が武士だということを問題にしなくてはならない。農村の領地を力ずくで守り抜く武士とはちがって、盛遠は北面の武士、つまりサラリーマン型武士だが、身分よりは腕力で地位を保っている点ではあくまでも一般の武士である。

そういう武士の妻は、男と女の対等な関係ではなく、夫と妻という上下関係にしばられるのだ。腕力で守ってきた土地を譲れる対象は、一番信頼できるもの、つまり我が子のほかにはない。

ところが女のほうは、誰の子でも産む可能性を——ときにはその意志さえも——持っている。男のほうは自分以外の子を産んでもらっては困るので、他人の子を産まぬ事前の措置として妻に貞操を要求するようになった。

「袈裟と盛遠」の伝説は、彼らが貴族であったなら生まれるはずのない伝説であった。

袈裟と盛遠は従兄妹《いとこ》であったという。袈裟の母が、盛遠の叔母だったのだ。この女性は事件後に尼《あま》となる。袈裟の夫の源渡《わたる》も出家して「渡阿弥陀仏」といい、もちろん盛遠も出家して「盛《もり》阿弥陀仏」といったと、これは『源平盛衰記《げんぺいじょうすいき》』が伝えるところである。

一つの殺人事件で出家が三人——多すぎるような気もするが、これはつまり「苦悩からの救済」が提示されているからである。人生には苦悩や煩悶《はんもん》がつきものだが、そこから抜け出る道がないわけではない、それが出家ということなんだと、仏教の立場に立っての提示なのだ。

●なぜ文覚《もんがく》は、荒廃した寺を再興したのか

さて盛阿弥陀仏は、荒く激しい修行に明け暮れる文覚上人として『平家物語』に登場する。

どれくらい荒く激しい修行であったかというと、真夏の藪《やぶ》のなかに横になり、肌を藪蚊《か》に食いつかせる。冬の最中には那智《なち》の滝に打たれること二十一日。途中で意識を失ってしまうが、不動明王の加護によって助かった。

全国の修験《しゅげん》の山をめぐって肉体と精神を鍛《きた》え上げ、怖いものが何もなくなった文覚はふたたび都に姿を現わした。

「あの文覚という上人さまが祈禱すれば、空を飛ぶ鳥さえ落とせるそうだ」

そんな噂が高まるうち、文覚は高雄の神護寺を拠点とした。『平家物語』によると、「高雄という山の奥におこない澄ましてぞ、いたりける」というのだが、「おこない澄まして」は信じられない。なぜなら文覚は、「神護寺再興」という、はっきりした目標をもって高雄へ行ったにちがいないからだ。

文覚はなぜ、神護寺再興などという大変な事業に乗り出したのか？

中世の寺院とか仏教のことを——現代でも同様な傾向を指摘できるのかもしれないが——信仰という点にだけ絞って考えると訳がわからなくなり、八幡《やわた》の藪の迷子みたいになってしまう。

官立の寺、公認された寺、それはすべて現代の公共事業に似ている。こういう寺には領地が配給されているし、広大な庄園が付属している。庄園は国家が配給した領地ではないが、朝廷としては黙認せざるをえない。朝廷自身が広大な庄園を所有しているからだ。また、公認した寺の庄園を返却せよと命令するのは、それ自体が論理矛盾になってしまうということもある。

神護寺は仁寿《にんじゆ》三年（八五三）に一人の「真言宗年分度者《ねんぶんどしや》」を朝廷から認められ、真言宗として正式に独立した。年分度者とは公認の正式な僧の資格のことで、この割当てを認めてもらわないうちは独立の宗派とはならないのである。

いま神護寺は荒廃しきっているが、公認を取り消されたわけではない。公共事業でいうと、事業は中止されているが条例は生きている、といった状況だ。誰かが事業を再開すれば、すぐに予算が付く。

文覚はここに目をつけたのである。

神護寺の再興に成功すれば、仏教界における文覚の名は格別の栄誉に輝く。いまとはちがって国家仏教の時代だ、仏教界での栄誉は朝廷での栄誉に直接つながる。時代の第一人者、文覚上人が誕生するわけだ。

●「伊豆流罪《いずるざい》」に隠された密約

文覚は神護寺再興の勧進帳《かんじんちょう》をつくり、檀那《だんな》をもとめて京都市中を歩きまわった。そしてある日、法住寺殿《ほうじゆうじどの》を訪れたと『平家物語』はいうのだが、事実ではあるまい。勧進帳をつくってすぐに法住寺殿に駆けつけたはずだ。

法住寺殿、これは宮廷の最高権力者、後白河法皇《ごしらかわほうおう》の御所である。政府の建物と考えればいい。法住寺の焼けた跡に後白河法皇が法住寺殿を建てた。三十三間《さんじゆうさんげん》堂《どう》は法住寺殿の観音堂として建てられたものだ。

さて、文覚は法皇に面会をもとめるが、音楽をたのしんでいる最中とて、会ってもらえない。後白河法皇の音楽好きといえば並大抵のものではない、それを中断して会ってくれるはずがない。

だが、文覚にとって恐ろしいものは何もない。ずかずかと中庭に押し入り、用意の勧進帳を声高々と読みあげた。荒行《あらぎよう》で鍛えた文覚の声には、何者をも圧倒する強さがある。

文覚の乱暴狼藉《ろうぜき》で、音楽会はめちゃめちゃになった。怒った法皇は文覚を伊豆流罪《るざい》の厳罰に処したのである。

伊豆流罪とは少々重すぎるようだ。最高権力者の音楽会をめちゃめちゃにしたのだから罪がないとはいえないが、流罪、しかも遠国の伊豆へ流罪というほどの罪でもあるまい。

そのころはもちろん平家の全盛期で、平家に敗れた源氏の御曹司《おんぞうし》の頼朝《よりとも》は、伊豆に流罪になっている。

キーワードは伊豆、ということではなかったか？

文覚の伊豆流罪は、どう考えてもアヤシイ。法皇と文覚が手をむすんで仕組んだ複雑きわまる芝居の筋書きではなかったのか？

法皇の音楽会へ乱入したのは九条兼実《くじようかねざね》の日記『玉葉《ぎよくよう》』にも書かれているから、これは事実であったにちがいない。

何のための芝居かというと、正々堂々と文覚と頼朝とを会わせるためだ。

法皇は現政権の担当者たる平家を支持している、それがなぜ源氏に味方するようなことをするのか、という疑問も出るだろうが、この後白河法皇は常識では判断できぬ、複雑怪奇とか老獪《ろうかい》という言葉を絵にしたような政治家なのだ。

伊豆に流される途中でも文覚はいろいろと怪異を発揮しているが、ここでは余裕がないので、断食《だんじき》したままで三十一日の旅をつづけたのに元気そのものだったという逸話だけを紹介しておく。

●〝京と伊豆を六日で往復した怪物〟

伊豆についた文覚はさっそく韮山《にらやま》の蛭《ひる》ケ小島《こじま》に駆けつけ、頼朝と会見する。ちいさな包みを懐《ふところ》におさめている、いかにも大事なものらしい。

「いよいよ時節到来です、ご決心を！」

平家打倒の戦いに決起すべしと誘うのだが、頼朝の態度がはっきりしない。死んで当然のところを助けてくれた、いまは亡き池御前《いけのごぜん》の菩提《ぼだい》を弔《とむら》うほかに望みはない、なんて情けないことを言っている。

「これを、ご覧なされ！」

文覚が懐から取り出したものは——。

「おおっ、これは……？」

「おん父、義朝《よしとも》どののシャレコウベ！」

亡き父の髑髏《どくろ》を目の前に突きつけられては、頼朝ももう逡巡できない。

「やるか、平家打倒！」

「ご決心なされましたか。それでこそ源氏の御曹司と申せましょう」

これから福原《ふくはら》の都にとってかえし、後白河法皇から「平家打倒に立ち上がるべし」との院宣《いんぜん》（法皇の宣旨《せんじ》）をもらってくる、と文覚は言う。

「往《い》きが三日、帰りが三日、院宣をもらう手続きに一日、すべて七日で済みます」

言ったとおり、文覚は七日目に韮山へもどってきて院宣を頼朝に渡したそうだが、いくら怪物の文覚とはいえ、六日で東海道の往復は不可能ではないか？

とても人間業とはおもえない荒く激しい修行、伊豆へ流される途中で示したさまざまの怪異をおもえば、「文覚なら、ひょっとすると可能かも……」と思いたい気にもなるが、まあ、現実には不可能だ。

だが伝説は六日で東海道を往復し、法皇の院宣をしっかりと持って帰ったという。

なぜ、たったの「六日」としたのか？

六日はゼロに近い、と考えてみる。ゼロに近いということは——文覚は東海道を往復してはいないのである。

それなら、院宣は、どうやって頼朝に届けられたのか——はじめから文覚の懐に入っていたのだ。

法皇は誰にも知られずに院宣を文覚にわたし、表むきには「伊豆流罪」ということにして頼朝のところへ派遣したのだ。「こっちの用意はできたぞ、決起して平家を倒してくれよ」というサインを頼朝に送った、それにちがいない。

伝説では文覚の怪物ぶりがしきりに強調されていたが、それは「東海道を六日で往復」という不可能を可能に思わせるための伏線であったのだ。そしてそれが、頼朝決起の裏に後白河法皇のいたことを隠す役割を果たしたのである。

寿永《じゆえい》元年（一一八二）十一月二十一日、ついに文覚は後白河法皇から神護寺再興のための庄園の寄進をうけることに成功した。

それから三年目に平家は滅亡し、源氏の幕府が鎌倉に樹立された。頼朝を決起させた文覚の威勢は、まさに飛ぶ鳥さえ落とすものになった。続々と庄園が寄進され、荒れ果てていた伽藍が、むかしの荘厳にもまして整備された。

しかし、いいことは長くは続かない。後白河法皇が亡くなり、頼朝が不審な最期をとげると、文覚の前には多くの敵が現われる。

後鳥羽《ごとば》上皇の世になったとき、守貞《もりさだ》親王を呪い殺そうとした、という嫌疑でこんどは佐渡《さど》へ流罪になった。『平家物語』は隠岐《おき》流罪としているが、これは後鳥羽上皇の反乱（承久《じようきゆう》の乱）に因縁づけたいための虚構だ。

三年後に許されて佐渡からもどるが、こんどはまた、何の理由かはっきりしないが対馬《つしま》に流された。そして対馬で死んでしまったという。

「首は神護寺の奥の、都が見えるところに置いてくれ」

これが文覚の遺言だという。遺言にしたがって、文覚の墓は高雄山の頂上にある。

13

なぜ、三年坂《さんねんざか》で転ぶと凶事が起こるのか

——庶民の篤《あつ》い信仰が生んだ伝説

【この章に登場する主な史蹟】

●なぜ〝三年坂〟だけに伝説が生まれたのか

登るにしても下るにしても、坂は危険なものだ。

坂では、人間は転《ころ》びやすい。直立猿人になったときからの宿命だから、せいぜい気をつけるしかない。

で、この三年坂だが、「ここで転ぶと三年のうちに死ぬ」ということから三年坂の名がついたという。

考えると、おかしな話だ。三年のうち、なんて執行猶予期間がついているのはありがたいくらいで、転倒即脳底挫傷、三日めに葬式となる危険が実際にあるのだ。

これはどうも、清水寺《きよみずでら》の十一面観音像のご利益《りやく》のありがたさを宣伝する文句ではなかろうか。

ここで転んでも心配はない。観音さまがしっかりと守ってくださるのだから、安心して参詣にいらっしゃい——そんなようなことではないかと、疑いたくもなる。

奇妙なのは、このあたりはどこに行こうにも坂だらけなのに、三年坂だけが「ここで転ぶと……」なんて脅迫がましい伝説がくっついていることだ。

そこで、この坂の独自性とはなんであるかと考えてみる。伝説の謎は、その独自性に潜《ひそ》んでいるにちがいないから。

八坂《やさか》神社の奥の円山《まるやま》から清水山へと、東山《ひがしやま》そのものは続いている。しかし人間の生活区としては八坂は八坂、清水は清水と、一応は分かれている。この三年坂は八坂地区と清水地区とを遮断する位置にある。この「遮断」が三年坂の独自性であろう。

清水寺は自分の参詣者を八坂神社に行かせたくない、八坂神社もまたおなじく、自分の参詣者を清水寺には行かせたくない——そういう競争心理のようなものがありはしなかったか？

まさかア、と軽く片づけないでほしい。

〝信仰〟が文字どおりに真剣であった時代の人の心理を理解できないのが現代人だが、この場合、それでは困るのだ。

中世の人の信仰は真剣そのものだった。清水寺に参詣すればかならずご利益にあずかれるのだと信じていて、実際にご利益はあった——そう思っていただきた

八坂と清水《きよみず》を遮断する〝三年坂〟

い。

そうすれば、「こちらと八坂神社とをかけもちで参詣なさると、せっかくのご利益が薄れてしまいますよ」と清水寺が警告したかもしれないと言っても、「まさかア」ではなくて、「そうかも……」と、ある程度は承知していただけるだろう。

「あっちに参詣させたくない」などというケチからではなくて、「ご利益が薄れるのは当方にも信者の方にも、どちらにとってもマイナス」という判断からの遮断、その役目を三年坂に負わせたのではないか。

「三年坂は急な坂だから登らないほうがいいですよ」と八坂神社は言いたい、「降りないほうがいいですよ」と清水寺も言いたい、それが重なって「三年坂で転ぶと……」の伝説になったのではなかろうか。

要約すれば、参詣という宗教行為の純粋性を守ってもらうための伝説ということだ。かけもちの参詣ならご利益も多かろうなんて思うのは、どうしたって、おかしい。ご利益の足し算を信じるなんて、信仰とはいえないはずだ。

●八坂《やさか》神社と清水寺《きよみずでら》の境界争い

以上のことはわたしの憶測にすぎず、読みかえしても、どうも綺麗《きれい》事すぎるのではないかという不安が強い。

そこで、きわめて単純に、清水寺と八坂神社とは仲が悪かったのではないか、しょっちゅう喧嘩していたのではないかというヒントを元にして探してみたら、あったあった。

八坂神社は、神仏習合の時代には祇園感神院《ぎおんかんじんいん》というお寺でもあって、寺としては奈良の興福寺《こうふくじ》に末寺として付属していた。そして、清水寺もまた興福寺の末寺だったのだ。

清水寺はいわば新参《しんざん》の寺だから、周囲の既成寺社と境界の争いを繰り返していた。とくに八坂神社とは、いわゆる近親憎悪の心理が働いて、激しく戦っていた。

僧兵というと延暦寺《えんりやくじ》が有名だが、清水寺でも八坂神社でも腕っ節の強い僧を先頭に立てて、戦争さながらの乱闘を繰り返した。

この三年坂のあたりは戦場の真ん中だ。乱闘から起こった火で八坂の塔が焼け落ちたことさえある。

こういう事実がわかってくると、「この坂で転ぶと三年のうちに死ぬぞ」という話がにわかに現実性を帯《お》びてくるではないか。清水寺と八坂神社との長年にわたる対立抗争の血に染まっている三年坂だから、「この坂で転ぶと」どころか、「この坂を通ると……生きては帰れんぞ」というぐらいに恐れられていた時期もあったにちがいない。

●〝産寧坂《さんねいざか》〟が訛《なま》って三年坂になったのか

転ぶと大変なことになるぞ、という伝説はともかく、三年坂の名前にしても不思議な名ではある。

なぜ、この名前になったのだろうか？

三年坂の南と北の入口、ということは南は清水坂と五条《ごじょう》坂との合流点で、境外の塔頭《たっちゅう》の経書堂《きょうかくどう》（来迎院《らいごういん》）の脇、北は円山《まるやま》公園の南出口だが、この二カ所に「京の坂みち」という新しい碑が立てられた。「京の坂みち」とは三年坂と、その

八坂神社と境界争いをしていた〝清水寺《きよみずでら》〟

北の二年坂を合わせて示している。

伝統的建造物群保存地区というむずかしい名前の指定を受けたときに立てられた碑だが、そのころから三年坂の周辺が観光客の人気を集めるようになった。坂そのものには何の変化はないのだが、周囲の、いかにも京都らしい建物の現状変更が認められなくなり、そのニュースが観光人気を煽《あお》ったらしい。

清水坂からでも五条坂からでも、経書堂まで来ると坂はすこしゆるやかになって、いよいよ清水寺の楼門《ろうもん》だ。

この楼門の南にある塔を泰産寺《たいさんじ》というが、ふつうは「子安《こやす》」とか「子安の塔」と言われている。光明《こうみよう》皇后が伊勢神宮の神託をうけ、一寸七分の観音の小像を安置したのが創建だというから、清水寺よりも古いことになる。

泰産寺が安産の寺として信仰を集めたのは、まず泰産寺の寺名からの連想だろう。建立したのが女性の光明皇后ということも、納められた観音が一寸七分と小さいのも、ともに小児を思わせたはずだ。

そもそも三年坂は、この泰産寺にちなんで産寧《さんねい》坂といわれ、それが訛《なま》って三年坂になったのではないかという説がある。そうすると、安産を願って泰産寺に参詣する人が通る坂だから産寧坂といわれた、ということになる。

――妊婦が坂を登り降りするなんて、転んだら、どうするの！

――安産を祈るのは妊婦だけじゃないからね。むしろ妊婦の周囲だ。

産寧坂が訛って三年坂になったというのだが、だいたい言葉が訛るのは、元の言葉がよほど発音しにくいとか、差し障《さわ》りがあるといった場合のことだ。

しかし産寧坂が特別に発音しにくいとも思われないから、まったく別のところから三年という言葉が登場してきて、「三年」に「産寧」が引きずられたとみたほうが理解はしやすい。

では、その三年とはどこからきたのかというと、この坂道がひらかれたのが大《だい》同《どう》三年（八〇八）だったというのである。

大同三年につくられた坂道だから三年坂――筋は通っているが、泰産寺の創建は天平二年（七三〇）だという説にしたがうと、それから七十年以上もこの坂道がつくられないままですぎたということになって、信じられなくなる。

いまでは、清水参詣というと清水坂か五条坂か、どちらにしても東山通からまっすぐに登っていくのがメイン・ルートだ。しかし東山通や清水坂、五条坂ができたのは、長い京都の歴史からいうと最近のことにすぎず、その昔は谷あいの坂をくねくねと曲がりながら登ったものにちがいない。三年坂は、もっとも早くからひらけた道のひとつだろう。

そういうわけで、なぜ三年坂の名前になったのか、はっきりとはいえない。名前の理由がわからなくてもわたしの責任ではない——と逃げを打っておいて——いちばん妥当な説を紹介しておこう。とはいうものの、いちばん妥当な説というのがじつは最初に紹介した「この坂で転ぶと三年のうちに死ぬ」ということから三年坂になったという説なのだ。

なぜ三年かという謎は、依然として謎のままである。一年では短いし、五年では長すぎる、だから、三年にした、とでもごまかすしかなさそうだ。

●忽然《こつぜん》と出現する昔ながらの京の町並

三年坂に直行する場合、霊山《りょうぜん》観音の前の道から入っていくのと、清水寺から降りていくのと、ふたつのルートがある。どちらでもいいのだが、登り道になるのを厭《いと》わなければ前者のルートをおすすめしたい。

石畳の両側に、まさに忽然《こつぜん》という感じで昔ながらの京の町並が出現する。

右手（西側）に「竹久夢二寓居跡《たけひさゆめじぐうきょ》」と記した小さな石碑がある。抒情画家竹久夢二は、どういう事情から三年坂に住んだのであったか。

夢二が京都に来たのは、妻との生活のゴタゴタを清算する意味もあって、東京ぐらしの幕を閉じたのだ。

「しかしとにかく、京都にしばらく住んで見る気になりましたよ。友達の世話で高台寺《こうだいじ》辺に紅《べに》がら塗の家を一軒借りました。家具調度も一通り、食べて寝るに不自由のないだけ買いあつめ、女中も友達のところから一人借りてきて、まあ、とにかく親子二人がたきたての飯を食べられるようになったわけです。ここに少し腰を据えて、古いものも見たり製作もしてみたいと思います。北山颪《おろし》に鳴る八坂の塔の風鐸《ふうたく》が、いやに侘《わび》しいのにも直《す》ぐ馴れるでしょう。もうすぐ春もくるでしょう」（自伝画集『出帆』）

夢二は「高台寺辺の紅がら塗の家」と言っている。いまならさしずめ「三年坂の家」とか「霊山観音に近い家」と言うところだが、そのころは三年坂は有名ではなかったし、霊山観音はまだできていない。

三年坂に住んでいたのに「三年坂の家」と書かなかったのは、夢二自身が三年坂という地名を意識していなかったからだろう。地名に寄せる人間の意識は時とともに変化する。これは恐ろしいことだというべきかもしれない。

●「八坂」とは「たくさんの坂」を表わす

二年坂から三年坂にさしかかるところを右（西）に降りて行くと「八坂の塔」（五重塔）がある。しかし、八坂の塔そのものを観たいという人には、このルートはあまり推薦したくない。

なぜか——あえて厄介《やっかい》な方向に議論を進めると、まずこのあたりが「八坂」の地名になっていることに注目する。「八坂」とは「坂が八つある」のではなくて、「たくさんの坂がある」ということだ。

それぞれの坂には個性があって、登るにも降りるにも、個性を発揮してもらう方向で坂とつきあうほうがお互いのプラスだ。

八坂の塔の横を通る坂道は八坂通といって——こんなことを言うと住民に叱られるかもしれないが——八坂の塔のために存在しているかのような坂道なのである。

八坂通から見る〝八坂の塔〟の偉容

八坂通をゆっくりと登っていくと、まず塔の上の部分が見え、なお登るにつれて塔の全体が見えてくる。これが、なんとも言えずいい感じなのだ。つまり塔とは「高さ」を具現したものだから、「ウワー、こんなに高いのか！」と驚嘆の視線を当ててやると、喜んでいっそう輝き、風鐸がさわやかな音を奏《かな》でてくれる。

そのためにはどうしても、塔を下から見て近づくことだ。そのためにこそ、この八坂通は坂道になっている——と言っては大袈裟になるが。

八坂の塔はお寺である。塔だけのお寺で、法観寺《ほうかんじ》という。

もちろん、はじめから塔だけのお寺なんていうものがあるわけはなく、四天王《してんのう》寺《じ》形式の広大な伽藍《がらん》があって、延喜式《えんぎしき》では七大寺のひとつに数えられたが、うちつづく戦乱で灰燼《かいじん》に帰し、いまは塔だけになってしまった。

東山の高台にあるうえに、約四〇メートルもの標高だから、京都のどこからでも見えた。鎌倉幕府の六波羅探題《ろくはらたんだい》がこの塔に見張役を置いて市内を警戒したというのも、なるほどとうなずける。

●『今昔物語《こんじやく》』に描かれた清水寺の建立《こんりゆう》伝説

さて、清水寺である。

京都に来て清水寺を見ないという人はまずいないだろう。外国からの賓客《ひんきゃく》もたいていは清水寺に案内される。登り道は混雑するが、境内《けいだい》に入ってしまうと意外に混雑を感じない。それだけ器《うつわ》が大きいのだ。

清水寺は延暦十七年（七九八）に建立された北観音寺《きたかんのんじ》が改名されたものである。

北観音寺――率直な名前だが、はてな、と疑問を感じないだろうか。清水寺の前身が北観音寺なら、その前に、あるいはその後に南観音寺というお寺が建てられたのだろうか？　ここでいう北とか南とは、いったいどういう意味なんだろうか？

その謎は、『今昔物語《こんじやく》』の北観音寺の建立伝説のなかで解決できそうである。大和《やまと》国高市《たけち》郡の小嶋《こじま》寺に賢心《けんしん》という僧があった。ある夜、賢心上人の夢に神のお告げがあった。

「ここを去って、北へ行け」

夢が覚めてから、「北へ行け」とは山城国《やましろ》の長岡《ながおか》の新京に行けという意味なのだろうと解釈した。淀川のほとりに着くと、一筋の金色の水が流れている。

「ほほー、金色の水とは……」

「あなた、何をブツブツ言っているのですかな。金色の水どころか、ドブ水さえありませんぞ」

賢心上人にしか見えない流れだった。

これは私のための瑞相《ずいそう》にちがいない――そう思った上人は、この水の源をたずねていくことにした。これは仏が私にお命じになっていることなのだ、と悟ったのである。

どんどん進んで行くと、新京のずっと東の方角に、険しく暗い山があった。山の奥には滝があったので、山道を伝って滝の下に降りてみた。なんともいえぬ、清々《すがすが》しい気分になった。

よく見ると、滝の上に庵《いおり》があり、白髪の老人がすわっている。

「あなたは、どなたですか。何のために、また何年、ここにいらっしゃるのですか。そしてご尊名は……？」

「姓は捨てて隠れておる、名は行叡《ぎょうえい》。二百年のあいだ、汝《なんじ》の来るのを待っておった。ようやく来てくれて、こんな嬉しいことはない。心に観音を念じ、口には千手《せんじゅ》の真言《しんごん》を誦《しょう》して修行を積んできたが、いまは早く東国へ行って修行したい。汝は我に代わり、この草庵を守れ」

「承知いたしました。お帰りになるまで、何年でもここをお守りいたします」

「この草庵を堂につくりかえ、観音をお納めしなければならぬ。そこの林には、観音をお納めするにふさわしい木々がある。だが、もしも我の帰還が遅れたなら、汝は我のかわりに堂をつくれ」

そう言ったかと思うと、老人の姿はかきけすように見えなくなっていた。

ここは怪《あや》しい場所だ、戻らなければと思ったときには、もう遅かった。帰り道がわからなくなっている、道を聞こうにも老人はいない。

木の下に住んで、老人の帰りを待った。食料はないが、滝の水を飲んでいれば飢《う》えることはなかった。

三年すぎても老人は帰ってこない。意を決して探しに行くと、東の峰に老人の履物《はきもの》が落ちていた。老人はこの峰から転落して亡くなったにちがいない。

悲しみにくれる賢心上人の前に現われたのが、坂上田村麻呂《さかのうえのたむらまろ》である。出産した妻に食べさせようと、鹿をもとめてこの山に来たところ、不思議な色の水を見つけ、飲んだ。身体が涼しくなり、清々しい気分になった。

この水の源を突きとめたいと思い、探しているうちに賢心上人の読経《どきよう》の声を聞いたのだ。

賢心上人の話に感動した田村麻呂は桓武天皇の許可をうけ、上人とともに金色の十一面観音像をつくり、草庵を壊して建てた小堂に安置した。それが清水寺、すなわち北観音寺のはじまりであった。

●東寺《とうじ》と張り合った私寺・清水寺

『今昔物語』の伝える北観音寺の創建伝説は以上のようなものだ。なぜ「北」なのか、北に対する「南」は何であるのか、謎は判明した。

南とは南都、つまり奈良である。南の奈良に対する北、それが平安京なのだ。奈良には観音を本尊とする寺がいくつかあり、それを〝南観音寺〟とみての北観音寺という命名だったのだ。

賢心上人に下った神託は、「観音信仰を北でも広めよ」と命令するものだっ

清水寺から見た〝泰産寺《たいさんじ》・子安塔《こやすのとう》〟

た。観音信仰のない土地は、仏教の上では未開の地とされていたわけだ。

賢心上人はこの「北」とは長岡京だと思ったが、それは誤解で、命令が指示していたのはじつは山城の愛宕《あたご》郡、つまり京都だったという筋になっている。長岡京はすでに都として機能していたのだが、金色の水は長岡京をかすりもせず、まっすぐに京都の東山に向かっていた。

なぜ、長岡京は問題にされなかったのか？

答えは簡単、この伝説は都が長岡から平安京に遷《うつ》ったあとでできたもので、長岡を問題にする必要がなかったからだ。

もうひとつ、清水寺の自己主張という動機があると考えられる。観音が都をここに誘致してきたのだ、京の母は清水寺の十一面観音なんだぞ、という主張だ。

桓武天皇が奈良からの遷都を決意したのは、政治に対する仏教の介入を避けたいという政策からのことだ。だから平安京では、はじめから私寺の統制を厳しくし、容易なことでは公認しない仏教政策がとられた。

弘法大師空海に与えられた東寺（教王護国寺）がはじめから官寺として建立されたのとは異なり、清水寺は坂上田村麻呂が造営した私寺である。創建の事情が違うのはわかってはいるが、それにしても、東寺から「そっちはただの私寺にすぎない、威張るなよ」と軽蔑されているような気がして、口惜しくてたまらない心境だったと想像される。

そこで、「東寺なんか平安京とのセットでつくられたにすぎない。こっちは、その平安京をここに誘致したんだ！」と主張したのである。賢心上人に「愛宕」を「長岡」と誤解させたのは、平安京誘致のことを強調するための、じつに細かい演出だったように思われる。

とにかく清水寺は、ことごとに東寺と張り合い、ようやく延暦二十四年（八〇五）になって公認され、寺領が配付された。

北観音寺から清水寺となったのもこのときである。いまはもう奈良の寺を意識し、対抗する必要はないといった自信が「北」を放棄させたのだ。

東寺は国家鎮護を役目にしているから、庶民の悩みを受けつけ、その救いのためにに祈禱することはない。庶民が悩むって、ほんとう？　それじゃあまるで、庶民も人間みたいじゃないか！　という姿勢だ。

清水寺ははじめから庶民が相手だ。観音（観世音菩薩）は、最高神である仏のために衆生《しゆじよう》を救済する仲介神なのだ。

十一面観音に祈り、音羽《おとわ》の滝の清水に打たれ、水を飲めば悩みは救われる。こうして病気を治したという人が何人もいるそうだ。

飲み味も絶品。料理屋の板前さんが朝早くに来て汲《く》んでいって料理につかう。料理屋さんの保証つきの味だ。

あとがき——伝説の楽しみ方

偉人、英雄にたいする庶民の期待を物語のかたちにしたものが伝説である。自分のちからではとうてい実現できないが、さりとて捨ててしまうには惜しい発想や願望が、あの偉人、この英雄ならば実現してくれるのではないか——そういう期待が集中して凝《こ》り固まったもの。

偉人、英雄といっても大願を成就した、成功者としての英雄よりは、奮闘あえなく失敗し、とどのつまりは生命さえも失ってしまった悲劇の英雄こそ伝説のヒーロー、ヒロインとしてふさわしい。

英雄たちは自分自身の生涯ではなく、われらの期待を一身にひきうけ、一歩でも二歩でも実現の方向に進めてくれるからこそたくさんの愛好者をひきつけ、拍手喝采《かっさい》をうけて退場してゆく。

伝説のヒーロー、ヒロインたちのイメージは時間の経過とともに膨《ふく》れる。横に膨れ、縦に伸び、本来ならぜんぜん関係ないはずの人物や事件と接触して、そこにも根をはやし、枝を張り、止まるところを知らぬかのように膨れる。

だが、英雄たちのじっさいの生涯とまったく無縁の枝葉末節が付いたのが伝説かというと、そうではない。

——いくら伝説とはいえ、わたしは、こんなケチ臭い伝説をつけられるのはお断りします！

こういう場面に出合ったことはない。

よほどの敵愾《てきがい》心や悪意がないかぎり、英雄伝説は英雄をますます英雄らしく太らせることはあっても、英雄の怒りを買うことはないのだ。

平家の武将のうち、もっとも晴れやかで数多い伝説につつまれている平景清《たいらのかげきよ》を例としてかんがえてみよう（祥伝社黄金文庫『奈良１３００年の謎』にも景清について一章をもうけているから、くわしくはこちらを読んでいただきます）。

平家といえば一族滅亡の悲劇が連想されるが、そのなかで景清だけは戦死せず、生き延びて、源氏の総大将 源頼朝《みなもとのよりとも》の生命を奪おうと何度も挑戦するが頼朝の首は取れず、無念の生涯を閉じたらしい。

これが景清英雄伝説の素材だ。

ならば、ある日、あるとき、偶然のチャンスが到来、念願かなって頼朝の首を打ち落とした、というふうな展開の伝説をつくればいいではないかという意見も出るだろうが、それでは景清が英雄になれない。

英雄は幸運とは縁遠いところで生き、苦悩する。

投獄されたこともあったはずだ、というところから、ならば景清は無類の力持ちなりと設定され、まずは「牢破り景清」のイメージが誕生して、文楽（浄瑠璃）や歌舞伎に取り込まれて多数の演目が創造され、現代でもさかんに演じられており、具象絵画の代表的画家のひとり、ベルナール・ビュッフェにも「牢破り景清」を画題とした作品があるほど有名になっている。

景清伝説の舞台として有名なのが清水寺《きよみずでら》だ。清水寺は弁慶《べんけい》と牛若丸《うしわかまる》の決闘の舞台としてもとびきり有名だが、景清英雄伝説との関係も見逃せない。

景清は清水寺の観音の信徒であった。そこで、牢獄の石壁に爪先で観音像を刻み、救出してくださいと願ったという伝説があり、伝説ゆかりの「景清守り本尊」と名づけられた石碑が清水寺の仁王門のちかくにたてられている。

観音さまとの関係では、頼朝の首を取ろうとしてあきらめない景清を観音さまが諫《いさ》めて、「いまさら無用の殺生、あきらめなさい」と説経したとの言いつたえものこされている。

いったんは観音さまの諫めに従おうとした景清だが、頼朝の顔をみれば怒りに駆られ、とびついて首を斬ってしまうかもしれぬと気づき、指先で自分の目を抉《えぐ》り抜いてしまったというのも景清の観音信仰の強さをおもわせる伝説だ。

そして、さて、英雄伝説には女性が登場しなければまとまりがつかない。清水寺のあたりは遊女の稼ぎ場であり、阿古屋《あこや》という名の遊女が景清の恋人だった。

景清を逮捕したい頼朝は阿古屋を拘束して、「景清の行方を白状せよ」と拷問《ごうもん》するが、阿古屋は「知らぬ、存ぜぬ」を連発して白状しない。

そこで頼朝は阿古屋に三弦（琴・三味線・胡弓《こきゅう》）を弾かせる、もしも阿古屋が景清の行方を知っていながらウソをついて「知らぬ」といっているのであれば、こころが震えて三弦を弾けぬはずだと。

阿古屋は三弦それぞれを見事に弾いてみせ、ピンチをきりぬけたのであった。「壇浦兜軍記《だんのうらかぶとぐんき》」で阿古屋が三弦をむりやりに弾かされる場面は「阿古屋の琴責め」と呼ばれ、観客がことさらに注目する場面である。

人間の俳優が阿古屋に扮して自分で三弦を弾く歌舞伎はともかく、文楽の舞台では、阿古屋の人形をあつかって、いかにも人形が三弦を弾いて音を出しているかのように観せる演技者と、じっさいに三弦を弾いて音を出す演技者は別人だ。

ふたりの調子が合わなかったら大変だ、などと、演技者にたいしていささか失礼な心配をするのも文楽鑑賞の楽しみのひとつになっている。

清水寺から松原通を西にさがって東大路をよこぎったところに六波羅蜜寺《ろくはらみつじ》がある。空也《くうや》上人の像を拝見できる寺だが、入口ちかくに平清盛塚とならぶ「阿古屋塚」は不安の生活を強いられた清水坂の遊女の代表者に阿古屋を指名した慰霊碑でもあるだろう。

ながいあいだ歌舞伎の舞台で阿古屋の役を独占的に演じてきたのは五代目の板東玉三郎《ばんどうたまさぶろう》だ。平成二十三年、玉三郎は清盛と阿古屋の塚を覆う屋根を奉納し、敬意をしるした石版をたてた。

ひとつの伝説が新しい伝説を産むいきさつにはスリリングな物語が秘められていて、その生命力の強さには楽しい昂奮《こうふん》をおさえられなくなることがある。『日本　伝奇伝説大事典』（角川書店）など、手頃な書物も出されている、さまざまに楽しんでいただくのをお勧めいたします。

二〇一九年・春

髙野《たかの》　澄《きよし》

祥伝社黄金文庫

京都《きょうと》の謎《なぞ》〈伝説編《でんせつへん》〉

令和元年6月20日　初版第1刷発行

著　者　高野《たかの》　澄《きよし》

発行者　辻 浩明

発行所　祥伝社《しょうでんしゃ》

〒101－8701

東京都千代田区神田神保町3－3

電話　03（3265）2084（編集部）

電話　03（3265）2081（販売部）

電話　03（3265）3622（業務部）

http://www.shodensha.co.jp/

印刷所　堀内印刷

製本所　ナショナル製本

Printed in Japan　© 2019, Kiyoshi Takano　ISBN978-4-396-31759-1 C0121